Mein gelobtes Land

Wolfgang Sotill

©2021 Edition Kleine Zeitung
Anzeigen und Marketing Kleine Zeitung GmbH & Co KG
8010 Graz, Gadollaplatz 1
Foto Umschlag: Picturedesk
Konzeption: Thomas Götz, Stefan Winkler
Gestaltung: Hanspeter Pronegg, Robert Szekely
Herstellung: Druck Styria GmbH & Co KG

Alle Rechte vorbehalten
ISBN 978-3-903323-10-0

Dieses Magazin-Buch wurde mit Mitteln
des Landes Steiermark gefördert.

Editorial

Thomas Götz, Stv. Chefredakteur Kleine Zeitung

Drei Bäume

Wer nach Israel kommt, bringt Bilder und Vorstellungen mit. Erwartungen entscheiden, was Reisende unbedingt sehen wollen und was ausgeblendet werden kann, vielleicht gar muss. Pilger strömen ins Land, die den Blick gebannt auf die Spuren des Erdenlebens von Jesus richten. Politisch Interessierte wollen wahlweise das Leid der Palästinenser oder die Bedrohung der Israelis sehen. Selten nur kommen Menschen, die das dichte Geflecht aus Geschichte und Gegenwart, aus Politik und Religion, aus Tragik und Glück interessiert, das dieses Land geformt hat und prägt. Wolfgang Sotill war so ein Mensch.

Nun, da er viel zu früh gestorben ist, lässt sich im Rückblick die Karte seiner Lebens- und Denkwege zeichnen. Ganz in der Mitte liegt jene umkämpfte Weltgegend, die Wolfgang zuerst als Student der Theologie betreten hat: Israel, Palästina, das Heilige Land. Wie man den Landstrich nennt, sagt etwas über den vorgeschalteten Filter. Wolfgang kannte und liebte alle drei Facetten, erforschte sie auf Reisen, Wanderungen und in zahllosen Gesprächen. Lebensfreundschaften verbanden ihn mit den Menschen des Landes, von denen er stets mit großem Respekt sprach.

Dass der Staat Israel posthum für ihn drei Bäume in den Bergen um Jerusalem pflanzen ließ, ist ein äußeres Zeichen der Anerkennung für diese lebenslange Liebe und Verbundenheit. Das Dokument, das den Symbolakt bezeugt, hat uns seine Frau Ulla übermittelt. Wir, seine Kollegen aus der Redaktion der Kleinen Zeitung, die viele Jahre lang mit ihm zusammengearbeitet haben, widmen unserem vielseitigen, klugen und liebenswürdigen Kollegen dieses Kompendium seiner Gedanken und Schriften über das Sehnsuchtsland seines Herzens. Viel Freude bei der Erkundung des Kosmos, der Wolfgangs Leben so entscheidend geprägt hat.

Mordechai Rodgold, Israels Botschafter in Wien, ließ namens seines Landes drei Bäume für Wolfgang Sotill pflanzen – ein Zeichen des Respekts.

Vorwort

Hermann Glettler, Bischof der Diözese Innsbruck

Verwundete Verheißung

Auf dem Rückflug von Tel Aviv im Juli 2016 hat mir Wolfgang Sotill anvertraut, dass er einige Blutuntersuchungen vor sich habe. Der Verdacht auf Leukämie hat sich leider bestätigt – aber keineswegs dazu geführt, dass einer der besten Israel-Kenner in den letzten Jahren sein Arbeitspensum reduziert hätte. Man hatte eher den Eindruck, dass er wie in einer aufregenden Erntezeit das von ihm seit Jahrzehnten akribisch Erforschte und oftmals Dargelegte nochmals präziser ins Wort fassen wollte. Das biblische Land der uralten Verheißungen war sein spiritueller Lebensfokus – gerade auch wegen seiner politischen und sozialen Verwundungen, wegen seiner unzähligen Widersprüche und religiösen Übertreibungen.

Das vorliegende Magazin ist eine Danksagung – für die Lebendigkeit und Dringlichkeit, die im Leben und Arbeiten von Wolfgang Sotill immer spürbar waren. Die ausgewählten Texte – allesamt gesättigt mit biblischer Spiritualität, fundiertem historischem Wissen und leidenschaftlicher Beobachtung – wurden für die Kleine Zeitung geschrieben oder sind in Vorbereitung für ein Israel-Buch entstanden, das wir im Tyrolia Verlag gemeinsam herausgeben wollten. Dazu ist es nicht mehr gekommen. Inhaltlich reichen die Essays vom vertiefenden Erklären des Pascha-Mysteriums bis hin zu einer neuen Reflexion über die andauernde Siedlerproblematik und den Sechstagekrieg aus drei Blickwinkeln. Sogar ein unveröffentlichtes Interview mit Amos Oz ist Teil dieser Publikation.

Vermutlich lässt es sich nicht feststellen, wie viele Reisen nach Israel und Palästina der Theologe, Kulturhistoriker, Journalist und aufgrund seines enzyklopädischen Wissens unüberbietbare Reiseleiter Wolfgang Sotill begleitet hat. Dennoch werden alle bestätigen, die mit ihm im „nicht nur Heiligen Land" unterwegs waren, dass sich seine Erklärungen immer frisch anfühlten. Warum? Weil er selbst ein neugierig Fragender geblieben ist. Er wollte die Zusammenhänge immer besser verstehen, aber keinesfalls moralisch werten. Humor hatte immer Platz, gelegentlich auch ein „heiliger Zorn" über unnötige Bürokratie und Schikanen, Dummheit und Lieblosigkeit. Und Wolfgang ist ein Glaubender geblieben, der sich selbst an den biblischen Orten innerlich erfrischt hat.

Wolfgang Sotill war ein intellektueller Pilger, ein kundiger Wanderer zwischen mehreren Welten, die er zu verstehen und zu vernetzen versuchte. Mit größter Vorliebe wollte er Begegnungen ermöglichen. Unüberschaubar ist die Zahl der Menschen, die er in Israel kannte – ob Patriarchen oder einfache Leute, Leiter von Kibbuzim oder jüdischen Restaurants, Bootsbetreiber, Mönche, Nonnen, Literaten und Politiker. Aus diesem freundschaftlichen Netzwerk hat er selbst viel Kraft geschöpft für seine eigenen Herausforderungen, nicht zuletzt auch für den Wiederaufbau seines Hauses auf dem bäuerlichen Anwesen in der Oststeiermark. Ich erinnere mich noch an den Schock nach dem verheerenden Brand, dem auch seine Bibliothek zum Opfer fiel. Seine Familie, Ulla und Elias, war ihm immer Halt.

In der Reisekonzeption von Wolfgang Sotill kamen verlässlich zwei Programmpunkte vor: Als Freund und Förderer des Babyhospitals Bethlehem war ein Besuch in dieser karitativen Einrichtung Pflicht. Und ebenso selbstverständlich gab es einen erholsamen Stopp für ein Mittagessen im Österreichischen Hospiz, verbunden mit einem Rundumblick von der fantastischen Dachterrasse. Dieser Überblick über die „Stadt der Sehnsucht" ist vermutlich nur ein ganz bescheidener Vorgeschmack auf die gottvolle Schönheit, die uns im Himmlischen Jerusalem erwartet. Wolfgang ist uns in diese finale Destination unserer irdischen Pilgerreise vorausgegangen. Er wird dort längst schon dem ewigen und doch „verwundeten Gott", der mit uns alles durchlebt, durchlitten und durchliebt hat, begegnet sein. Lieber Wolfgang, danke, Schalom und auf ein Wiedersehen!

Inhaltsverzeichnis

Fremd
im eigenen Haus ... **36–41**

Wer ist
ein Jude? ... **42–45**

Die Geburt
der Zivilisation ... **46–51**

Das Kreuz:
Zeichen des Heils,
Zeichen des Unheils ... **52–55**

GETTYIMAGES/MAREMAGNUM

APA/AFP/MENAHEM KAHANA

PICTUREDESK/LAIF/JONAS OPPERSKALSKI

Weit mehr als
ein heiliges Land ... **8–13**

Die zweifach versprochene
Heimat ... **14–17**

Sechs Tage Krieg,
drei Sichtweisen ... **18–25**

Wem gehört
das Heilige Land? ... **26–35**

Yehuda Bauer:
„Der Judenhass nimmt
überall in der Welt zu" ... **56–59**

Die Stadt,
die nie schläft ... **60–63**

Der
Mittelpunkt
der Welt ... **64–69**

Nach Mekka
und Medina auf dem
dritten Platz ... **70–73**

MEIN **GELOBTES LAND**

Die Palmen
des Paradieses **74–75**

Der grausame
Friedensfürst **76–81**

Ein Menschenfreund
aus der tiefsten
Provinz **82–87**

Stille Jahre
in Galiläa **88–91**

Die Stadt Jesu
gibt Rätsel auf **92–93**

GETTYIMAGES/DEA/S. VANNINI

GETTYIMAGES/MEIR HAY MOSHE NAAMAT

Ein Sakrileg
am heiligen Ort **94–95**

Das Brot
des Lebens **96–101**

Die alten Bäume
von Gethsemani **102–105**

Amos Oz:
„Mir macht es nichts, Verräter
genannt zu werden" **106–109**

Standrechtlich
gekreuzigt **110–115**

Der letzte Weg
Jesu **116–117**

Der Glaube
an den Sieg
über den Tod **118–119**

Unterwegs auf Gottes
irdischen Wegen **120–125**

Ein Hospiz
wie kein zweites **126–129**

Was sollte man
unbedingt sehen? **130–135**

IMAGO IMAGES /HANS LUCAS

Weit mehr als ein heiliges Land

Die meisten Reisenden reduzieren Israel auf zwei Aspekte: auf das Heilige Land und auf den Nahostkonflikt. Das ist eine geradezu dramatische Verkürzung.

Eine israelische Soldatin macht ein Selfie mit ultraorthodoxen Juden, die in Jerusalem gegen den Militärdienst demonstrieren.

Tel Aviv mit seinen Beach-Partys, Szenelokalen und trendigen Boutiquen ist als weltoffener Gegenpol zum strengen, frommen Jerusalem ein Hotspot für junge Leute aus aller Welt.

Unsere Vorstellungen vom Land der Bibel, die wir aus dem Religionsunterricht beziehen oder vielleicht jeden Sonntag bei der Messe hören, lässt uns das Land zwischen Mittelmeer und Jordan als heilig erscheinen. Dabei vergessen wir nur allzu leicht, dass Israel in wissenschaftlicher und auch in wirtschaftlicher Hinsicht ein höchst erfolgreiches Land ist. Es ist weit reicher, innovativer, bunter – oft auch widersprüchlicher –, als wir das aus mitteleuropäischer Sicht erkennen können.

Zunächst gilt es einmal die Fakten zu klären. Immer wieder habe ich bei Vorträgen meine Zuhörer gebeten, die Größe Israels im Vergleich zu Österreich zu schätzen. Dabei habe ich oft sehr überraschende Antworten erhalten. Einmal meinte ein älterer Herr gar, Israel sei „wohl so groß wie das wiedervereinte Deutschland".

Zweierlei kann man aus dieser Antwort schließen: nämlich die Unkenntnis der Faktenlage, aber auch die Tatsache, dass ein in den Medien immer und immer wieder dargestelltes Objekt in der Vorstellung der Zuhörer überdimensional anwächst. So ist es auch bei Israel, wie eine Untersuchung der Universität Bielefeld aus dem Jahr 2014 zeigt. Andreas Zick, Leiter des Instituts für Interdisziplinäre Konflikt- und Gewaltforschung, hat damals die Berichterstattung von 467 Zeitungen weltweit untersucht. Darunter waren namhafte Blätter wie „The Times", „La Stampa", „Le Monde", „Die Welt" oder auch „China Morning Post". Für den Beobachtungszeitraum des Juli 2014 ergab dies, dass 2163 Artikel dem Ausbruch von Ebola in Westafrika gewidmet waren. 5833 Berichte thematisierten den Krieg in Syrien, wo zu diesem Zeitpunkt bereits mehr als 200.000 Tote zu verzeichnen waren und sich etwa drei Millionen Menschen auf der Flucht befanden. Die zweitmeiste Aufmerksamkeit erregte der ungeklärte Absturz der malaysischen Boeing MH 370 über dem offenen Meer mit 10.053 Berichten. Unglaubliche 33.095 Leitartikel oder große Reportagen waren hingegen dem israelisch-palästinensischen Konflikt „Protective Edge" gewidmet. Der Hintergrund: Am 8. Juli 2014 hatte Israel als Reaktion auf den andauernden Beschuss des Landes durch Raketen der Hamas aus dem Gaza-Streifen mit einer Militäraktion begonnen. Am 26. August legten beide Parteien die Kampfhandlungen bei. Nach UNO-Angaben forderte der Krieg 1814 Opfer, wobei viele der Hamas-Strategie der „menschlichen Schutzschilde" zum Opfer gefallen sein dürften. Es scheint noch immer so zu sein: „Jews are good news!" Juden sind immer eine Nachricht wert. Anders lässt es sich wohl nicht erklären, dass dem Krieg in Gaza beinahe doppelt so viele Berichte gewidmet waren wie dem gesamten übrigen Weltgeschehen zusammen.

Zurück zu Israels Rahmendaten: der Zahl seiner Einwohner und seiner Fläche. In dem Land leben 9,5 Millionen Menschen, davon sind knapp sieben Millionen Juden und zwei Millionen Araber, die als Israelis und nicht als Palästinenser bezeichnet werden. Der Rest sind Beduinen, Drusen, Tscherkessen und andere Minderheiten. Zur Fläche: Innerhalb der „Grünen Linie" nach dem Waffenstillstandsabkommen von 1949 hat Israel etwa 21.000 km². Nach der Annexion von Ostjerusalem und den Golanhöhen – beides erfolgte Anfang der 1980er-Jahre – wurde die Fläche auf etwa 22.400 km² erweitert. Wobei Israel ein sehr schlankes Land ist. 470 Kilometer in seiner Nord-Süd-Ausdehnung misst es an der breitesten Stelle 135 Kilometer, an der schmälsten aber nicht einmal 20 Kilometer. Diese Engstelle findet sich nördlich des Siedlungsbeckens von Tel Aviv, wo knapp drei Millionen Menschen leben. Der Umstand, dass radikale Palästinenser von dort Raketen abfeuern könnten, beunruhigt die für die Sicherheit des Landes zuständigen Militärs und Politiker zutiefst. Dass dies keine unberechtigte Angst ist, zeigen Städte

Welche Sprache?

Israel ist mit seinen Einwanderern aus 100 Staaten ein polyglottes Land. Eine wichtige Klammer für die heterogene Nation ist das Neuhebräische oder Ivrit, das vom weißrussischen Zionisten Eliezer Ben-Jehuda (1858–1922) reaktivierte biblische Hebräisch. Dieses wurde im Lauf des 20. Jahrhunderts konstant weiterentwickelt und ist seit der Verabschiedung eines umstrittenen Gesetzes im Jahr 2018, das das Arabische seines gleichwertigen Status beraubte, in Israel alleinige Amtssprache.

und Kibbuzim nahe dem Gaza-Streifen, aus dem sich Israel 2005 zurückgezogen hat. Immer noch fliegen Raketen aus Gaza in die israelische Kleinstadt Sderot, wobei die Vorwarnzeit nicht mehr als eine Minute beträgt. Insgesamt waren es weit mehr als 10.000 Geschosse seit der Machtübernahme der Hamas 2007.

In den oben angeführten Zahlen ist Israel, nicht aber das Westjordanland und der Gaza-Streifen berücksichtigt. Die Westbank hat eine Fläche von etwa 5900 km², Gaza ist mit 360 km² kleiner als Wien. In der Westbank leben geschätzte 2,5 Millionen Palästinenser, zu denen noch eine halbe Million israelische Siedler kommen, in Gaza soll es nach Schätzung der UNO etwa zwei Millionen Menschen geben. Beide Gebiete, in denen also 4,5 Millionen Araber leben, machen zusammen der Fläche nach gerade einmal die Hälfte von Tirol und in etwa ein Drittel der Steiermark aus. Dazu kommt, dass die arabische Bevölkerung extrem jung ist. In Gaza liegt das Durchschnittsalter bei 17,7 Jahren – knapp 50 Prozent seiner Bewohner sind noch keine 14 Jahre alt. Wenn man dann auch noch die Fertilitätsrate von 5,16 Kindern (Österreich: 1,53) hinzurechnet, dann kann man sich vorstellen, wie sich der Israel-Palästina-Konflikt in den kommenden Jahren entwickeln wird. Einfache Lösungen sind jedenfalls nicht in Sicht.

Nach wirtschaftlichen Kriterien zählt Israel zu den 20 konkurrenzfähigsten Ländern der Erde, was den Einfluss anlangt, rangiert es sogar auf Platz 9. Es schafft es als einer der wenigen Staaten, ohne fremde Hilfe Raketen in den Orbit zu schicken. Und: Es ist ein Land voller Erfinder. Es gäbe ohne die Erfindungen aus Israel keine Handys, keine Gesichtserkennung, keine LED-Drucker, keine Tröpfchenbewässerung, nicht einmal die kleinen, intensiv schmeckenden Cherry-Tomaten gäbe es. Der USB-Stick stammt ebenso aus Israel wie das Solar-Fenster, in dem durchsichtiges Glas Sonnenenergie speichert. Und die Software für Google wurde genauso in dem kleinen Land entwickelt wie die Technik der Firma „Mobileye", die für sicheres autonomes Fahren sorgt und zur Unfallprävention eingesetzt wird. 2017 wurde diese Entwicklung um sagenhafte 15,3 Milliarden Dollar in die USA verkauft. Ähnlich hohe Preise erzielten in der Vergangenheit Pharma- und Medizinprodukte. Dabei muss niemandem um die Zukunft des Landes bang sein: Erst 2020 hat ein Team aus Israel einen internationalen Mathematik-Wettbewerb gewonnen, an dem 546

MEIN GELOBTES LAND

> „Judaismus und Israel haben stets eine Kultur des Zweifelns und der Diskussionen gepflogen. Ein offenes Spiel der Deutungen und Gegendeutungen, Umdeutungen und widersprüchlichen Deutungen."
>
> **Amos Oz**
> Israelischer Schriftsteller (1939–2018)

Studenten von weltweit 96 Universitäten teilgenommen haben.

Freilich: Viele Erfindungen aus Israel werden nicht unter der ursprünglichen Herkunftsbezeichnung auf dem Weltmarkt positioniert, sondern finden sich dort unter neuem Namen mit einem Firmensitz in den USA, Deutschland oder Frankreich. Der Grund dafür liegt in der islamischen Welt, die von Marokko bis Indonesien reicht und einen nicht unwesentlichen Markt darstellt. Aber Produkte „Made in Israel" zu kaufen, ist für sie noch immer nicht üblich, weswegen viele israelische Firmen dazu übergegangen sind, die tatsächliche Herkunft über Subfirmen im Ausland zu verschleiern.

Bis Ende der 80er-Jahre hat Israel mehr oder weniger nur Jaffa-Orangen exportiert. 2020 war das Land mit 79 Unternehmen und einem Marktkapital von 88 Milliarden Dollar als einziges Land des Nahen Ostens auf dem US-Technologiemarkt notiert. Nach den USA und China ist es der Staat mit dem an der Technologiebörse NASDAQ meisten Unternehmen. Und kein anderes Land der Erde bringt – gemessen an der Einwohnerzahl – so viele Start-ups hervor.

Einer der Gründe liegt darin, dass die Israelis selbstbewusst und keine Zauderer sind. Das lässt sich am Beispiel des Risikokapitals erkennen. Jeder Israeli hat statistisch 553 Dollar investiert, um Gewinne zu erzielen, in den USA sind es 229, in Deutschland 36 und in Frankreich nur mehr 28. Wer nicht riskiert und sein Kapital auf ein zinsenloses Sparbuch trägt, wird freilich auch nicht gewinnen.

Es war der Fall des Eisernen Vorhangs und das Ende der UdSSR, die entscheidend für die jüngste Entwicklung Israels waren. Danach sind mehr als 1,3 Millionen Juden – darunter viele Wissenschaftler und Ingenieure – nach Israel eingewandert. Da nicht alle diese Menschen von dem kleinen Land in kurzer Zeit beruflich integriert werden konnten, beschloss die Regierung Mitte der 90er-Jahre Förderprogramme für Unternehmensgründungen. Diese waren der Motor für die Start-ups. Ein Gründer brauchte nicht mehr als nur 15 Prozent Eigenkapital, den Rest finanzierte der Staat. Wenn nun solch ein junges Unternehmen scheiterte, dann war der Firmengründer aber nicht auf viele Jahre hinaus verschuldet, sondern auch in diesem Fall sprang der Staat ein und übernahm den Ausfall. Das machte auch finanziell riskante Unternehmungen für junge Menschen möglich, die in anderen Ländern sich auf Jahre hinaus schwer verschulden würden und auch kein Kapital mehr für eine neuen Versuch bei den Banken bekommen.

Scheitern als Motor und nicht als Bremse: Diese jüdische Einstellung hat die Welt im April 2019 kennengelernt, als es Israel

Israelische Jugendliche feiern in der Straßenbahn in Jerusalem ausgelassen den Unabhängigkeitstag. Die Bevölkerung des 1948 gegründeten Staates ist im Vergleich zu anderen Ländern der westlichen Welt überaus jung. Im Jahr 2020 betrug das Durchschnittsalter 30,4 Jahre, in Österreich waren es 43,1 Jahre.

beinahe gelungen wäre, als viertes Land der Erde auf dem Mond zu landen. Im Landeanflug auf den Erdtrabanten setzte aber ein Bremsmotor aus, und so zerschellte die Raumsonde „Beresheet" („Am Anfang") auf dem Boden. Vermutlich hätten die Politiker vieler Länder das Scheitern bedauert und in den Vordergrund ihrer Reaktionen gestellt – nicht aber der israelische Premier Benjamin Netanjahu. Er sagte: „In zwei, drei Jahren versuchen wir es erneut!" Und der Amerikaner Morris Kahn, der das Unternehmen maßgeblich finanziell unterstützt hat, resümierte: „Wir haben allen Grund, stolz zu sein!" Das ist tatsächlich so, auch wenn die Landung gescheitert ist, so hat man es als das siebente Land der Erde geschafft, eine Sonde in die Mondumlaufbahn zu bringen.

Vermutlich liegt diese positive Einstellung in der Grundstruktur der jüdischen Religion begründet. Sie kennt – im Gegensatz zu anderen Religionen – keinen Dogmatismus, der jeweils nur eine Lehre als richtig anerkennt, alle anderen aber als falsch abqualifiziert. Der 2018 verstorbene israelische Schriftsteller Amos Oz bringt es in dem Buch „Juden und Worte", das er zusammen mit seiner Tochter Fania Oz-Salzberger verfasst hat, auf den Punkt: „Judaismus und Israel haben stets eine Kultur des Zweifelns und der Diskussionen gepflogen. Ein offenes Spiel der Deutungen und Gegendeutungen, Umdeutungen und widersprüchlichen Deutungen." Und der israelische Chemienobelpreisträger des Jahres 2011, Dan Schechtmann, ergänzt: „Wir Israelis sind ein furchtloses Volk, deshalb sind wir erfolgreich in den Wissenschaften und deshalb werden in unserem Land so viele Unternehmen gegründet. Die Furcht vor dem Scheitern, die Furcht davor, eine Schande für sich selbst und die Familie zu sein, gibt es bei uns nicht. Wer etwas versaut, fängt einfach von vorn wieder an!" Das bezeichnet man mit dem aus dem Jiddischen bekannten Ausdruck Chuzpe – Unverfrorenheit, Dreistigkeit, manchmal auch Überheblichkeit, aber in jedem Fall mit Geist.

Lernen ist eine der zentralen Anforderungen im Judentum. Lernen aber nicht allein in der Repetition von Fakten, sondern als Bemühen, einen eigenen, selbstständigen Gedanken zu entwickeln und so die intellektuelle Beweglichkeit zu schärfen. Dazu

bedarf es auch eines besonderen Verhältnisses zwischen Lehrer und Schüler. Der Lehrende ist – so klug er auch sein mag – nicht die unangreifbare Autorität. Ganz im Gegenteil: „Die jüdische Tradition gestattet, ja ermutigt den Schüler, sich gegen den Lehrer zu stellen, um zu widersprechen und bis zu einem gewissen Punkt darzulegen, dass er unrecht hat. Das ist bis zu einem gewissen Grad der Schlüssel zur Erneuerung", befinden Oz und Oz-Salzberger. Das Schüler-Lehrer-Verhältnis besteht also nicht in einer hierarchischen Abhängigkeit, sondern in einem wechselseitigen, gemeinsamen Lernprozess. Und so wird von jedem 13-jährigen Juden, der seine Bar Mitzwa (eine Art Firmung) feiert, erwartet, dass er einen „chidusch", eine neue Erkenntnis bei der Interpretation der ihm vorgelegten Thorastelle, beisteuert. Er soll etwas Neues herausfinden und nicht bloß Altbekanntes wiedergeben. Die einzigartige Besonderheit daran: Er darf mit seinen Ideen auch falsch liegen, ohne sofort zurechtgewiesen zu werden. Dies nimmt die Angst vor Fehlentscheidungen, die Angst vor dem Scheitern.

Bildung als hohes Gut, das sich auch der Staat etwas kosten lässt: 2015 genehmigte die Regierung in Jerusalem 6,5 Prozent des BIP für Schulen und Universitäten, der OECD-Schnitt lag hingegen nur bei 5,2 Prozent. Und so kommt es, dass Studenten am „Technion-Israel Institute of Technology" in Haifa in sieben aufeinanderfolgenden Jahren unter die Top-100-Forschungseinrichtungen gereiht wurde. Zur Zeit können die Studenten gleich vier Nobelpreisträger als akademische Lehrer hören. International höchst angesehen ist auch das Weizmann-Institut in Rechovot, in dem reichlich Grundlagenforschung betrieben wird und das vor wenigen Jahren von „Scientist" als der „beste akade-

In der Stadt Be'er Scheva im Süden von Israel queren Beduinenfrauen auf Eseln die Straße. In der Wüste Negev leben rund 200.000 arabische Nomaden, viele in bitterer Armut, in offiziell nicht anerkannten Dörfern.

Wie groß?

Der Nahe Osten ist uns nahe. Aber offenbar doch nicht so nahe, dass ihn die Mehrheit der politisch Interessierten bei uns in seinen Dimensionen richtig einordnen würde. So nehmen in Österreich viele überrascht zur Kenntnis, dass Israel mit 22.380 Quadratkilometern, ohne die besetzten Gebiete, nicht einmal so groß ist wie die Steiermark und Kärnten zusammen. Auch die Zahl der in Israel lebenden Juden und der Juden weltweit wird meist falsch angesetzt. In Israel leben 6,2 Millionen und weltweit nur rund 15 Millionen Juden. Damit machen die Juden weniger als zwei Promille der Weltbevölkerung aus.

mische Arbeitgeber weltweit" geehrt wurde. In der Kategorie Forschungsqualität belegte das Institut nach dem jährlichen CWTS Leiden Ranking 2018 den 9. Rang, womit es sich zum zweiten Mal unter den Top-10-Forschungseinrichtungen weltweit befindet. Zum Vergleich: Die Universität Wien liegt als beste österreichische Einrichtung in dem Block zwischen 151 und 200.

Einer der Punkte, die von allen Analytikern der Start-up-Nation Israel als Motor für freie Entscheidungen angeführt wird, ist die Armee. Junge Männer dienen dort knapp drei, junge Frauen zwei Jahre. Diese Armee zeichnet sich durch eine extrem flache Hierarchie aus. Dadurch lernen die jungen Erwachsenen bereits, Verantwortung zu übernehmen. Und das nicht auf irgendeinem Spieltisch, wo strategisch Soldaten hin und her verschoben werden, sondern in der Realität der Einsätze. Die Aufgabe der jungen Offiziere ist es, Einsätze erfolgreich zu beenden, aber auch alle Soldaten wieder unverletzt zurück in die Kasernen zu bringen. Ist nun ein Offizier dieser Aufgabe nicht gewachsen, so kann er von seinen Untergebenen auch abgewählt werden – eine Vorstellung, die den meisten anderen Armeen der Welt wohl sehr fremd ist.

Ist es der Neid der Völkergemeinschaft, ist es immer noch eine versteckte Abneigung gegen Juden und ihren Staat? Tatsache ist, dass das Land vom UN-Menschenrechtsrat in den letzten 15 Jahren öfter verurteilt worden ist als etwa Syrien, Nordkorea, Myanmar und der Iran zusammen. Das scheint nicht der realen Menschenrechtslage, sondern dem Prinzip zu folgen, das wir oben bereits erwähnt haben: „Jews are good News!"

Palästinensische Jugendliche werfen bei Protesten gegen jüdische Siedlungen nahe der Stadt Nablus im Westjordanland Steine auf israelische Soldaten.

Die zweifach versprochene Heimat

Die Europäer sollten sich mit vorschnellen Urteilen über den Konflikt im Nahen Osten zurückhalten. Denn daran, dass zwischen Juden und Arabern kein Friede herrscht, haben sie selber erheblichen Anteil.

16 MEIN **GELOBTES LAND**

"Bei denen da unten wird es nie Frieden geben!" Je nach Region hört sich der Satz in seiner Sprachfärbung immer ein wenig anders an, die Botschaft bleibt jedoch stets dieselbe. Mit „denen da unten" sind die Völker des Nahen Ostens gemeint, im Besonderen aber Juden und Araber. Wenn man den Vertretern dieser Theorie weiter zuhört, dann versteht man: Sie sehen in dem Satz keine wertfreie Behauptung und schon gar keine Befürchtung, sondern er dient ihnen als allumfassendes Erklärungsmodell des Nahen Ostens, Schuldzuweisung inklusive. „Die da unten" sind selbst schuld an ihrem Unglück.

Damit sind die Verursacher ausgemacht. Die Frage nach anderen Geburtshelfern des seit mehr als hundert Jahren schwelenden Konflikts wird erst gar nicht gestellt. Dabei waren es die Engländer, die gemeinsam mit den Franzosen den Nahen Osten so sehr verändert haben, dass daraus zahlreiche Konflikte entstanden sind: Einmal haben sie den Arabern, dann den Juden in geheimen Abkommen Teile davon versprochen, um die gesamte Region schließlich unter sich selbst aufzuteilen.

Den Hintergrund für diese diplomatische Ränkepolitik lieferte der Erste Weltkrieg: Die Schlachten von Verdun, an der Somme und auch jene am Isonzo waren Materialschlachten mit hohen Verlusten an Menschenleben bei gleichzeitig nur minimalen Geländegewinnen. Ein Ende der Kämpfe war nicht absehbar, zugleich waren die finanziellen Möglichkeiten – auch bei den späteren Siegermächten – sehr angespannt. Also überlegten Engländer und Franzosen, wie man die Feinde der Mittelmächte, nämlich Österreich-Ungarn, das Deutsche Kaiserreich und das Osmanische Reich, von innen heraus schwächen könnte. Das schien vor allem bei den Osmanen leicht möglich, galt das Reich, das neben dem türkischen Stammland weite Teile des Nahen Ostens und Nordafrikas umfasste, doch schon seit Längerem als der „kranke Mann am Bosporus".

Ziel der Briten war es, den aufkeimenden arabischen Nationalismus zu stärken und einen Aufstand gegen die Türken zu unterstützen. Nach dem gewonnenen Krieg wollte man diese Bestrebungen honorieren, wie der britische Hochkommissar in Ägypten, Sir Henry McMahon, an Hussein ibn Ali, Scherif von Mekka, 1915 schrieb: „Großbritannien ist bereit, die Unabhängigkeit der Araber anzuerkennen und zu unterstützen." McMahon lobte in weiteren Briefen die Araber als „traditionelle Freunde", auf die die Last der Türken schwer drückte. Die Vision von Eigenstaatlichkeit zeigte Wirkung: Am 5. Juni 1916 rief Faisal I., der Sohn Hussein ibn Alis, zum „Jihad" gegen den osmanischen Sultan auf. Der Befreiungskampf ist durch Filme wie „Lawrence von Arabien" ins kollektive Gedächtnis des Abendlandes eingegangen.

Um ihre Interessen im Nahen Osten durchzusetzen, strebten die Briten auch das Wohlwollen der Juden im eigenen Land und in Frankreich an. Ein wenig spekulierte man sogar damit, die Sympathien der deutschen und österreichischen Juden zu gewinnen. Der kürzeste Weg dazu war, die Linie, die Theodor Herzl, der theoretische Begründer des Judenstaats, auf dem ersten Zionistenkongress in Basel 1897 vorgegeben hatte, aufzunehmen und mit politischen Versprechungen zu unterfüttern. Genau das tat der britische Außenminister Arthur James Balfour in einem am 2. November 1917 verfassten Brief an Baron Edmond James de Rothschild. In diesem hieß es: „Die Regierung seiner Majestät betrachtet mit Wohlwollen die Errichtung einer nationalen Heimstätte für das jüdische Volk in Palästina und wird ihr Bestes tun, die Erreichung dieses Zieles zu erleichtern."

Mit einem Wort: Die Briten haben den Juden und auch den Arabern ein Land in

Im Jahr 1925 besuchte der frühere britische Außenminister Arthur James Balfour jüdische Kolonien in Palästina. Seine 1917 veröffentlichte Deklaration gilt als Grundstein für den späteren Staat Israel, den Theodor Herzl (1860–1904) und seine zionistische Bewegung gefordert hatten.

Aussicht gestellt, das sie nicht einmal selbst besessen haben. Dass sie nie daran gedacht haben, diese Versprechungen einzuhalten, zeigt ein Abkommen, das Briten und Franzosen am 16. Mai 1916, nur wenige Monate nach den Versprechungen an die Araber und eineinhalb Jahre vor der Zusage an die Juden, schlossen. Der Geheimpakt trägt die Namen der beiden Diplomaten Sir Mark Sykes und Francois Picot und sollte helfen, die eigenen Interessen, wie die Gewinnung von Öl im Irak, durchzusetzen.

Sykes und Picot haben es sich leicht gemacht: Mit einem einzigen Bleistiftstrich haben sie auf einer Landkarte den Nahen Osten geteilt. Alles nördlich der Linie Haifa–Mossul wurde unter den Einfluss der Franzosen gestellt, alles südlich davon unter jenen der Briten. So kam es, dass arabische Stämme auf verschiedene neu entstandene Staaten verteilt wurden und dass Jahrzehnte später in Syrien eine alawitische Minderheit die Macht über eine sunnitische Mehrheit erlangte und im Irak eine sunnitische Minderheit über eine schiitische Mehrheit herrschte. Auch die Abspaltung des Libanon von Großsyrien sowie jene von Kuwait vom Irak ist der spätkolonialistischen Politik der Europäer zuzuschreiben.

Europa macht sich aber nicht nur durch unglückliche Grenzziehungen, sondern auch durch die Nichteinhaltung der Zusagen an die Völker des Orients am Konflikt mitschuldig. Auch wenn oft behauptet wird, Araber und Juden seien „schon immer" verfeindet, stimmt das nicht: Nach dem Ersten Weltkrieg wurde auf der Pariser Friedenskonferenz 1919 ein Hoffnung erweckender Vertrag vorgestellt, den Emir Faisal I. für die Muslime und Chaim Weizmann für die Juden in Jordanien verhandelt hatte. Dabei war von „größtmöglicher und aufrichtiger Zusammenarbeit" und von „freier Religionsausübung und freiem Zugang zu den heiligen Stätten" die Rede. Emir Faisal hatte eine einzige Bedingung festschreiben lassen: dass die den Arabern in den McMahon-Briefen zugesicherte Unabhängigkeit umgesetzt werde. Dies haben die Briten und der Oberste Rat der Alliierten, der sie 1920 mit der Verwaltung der südlichen Levante beauftragt hat, verhindert. Es sind also nicht nur „die da unten" schuld an dem Konflikt, dessen Beilegung wohl nicht so rasch gelingen wird.

„Kein Minister, kein Militär hat gefragt, was es für Israel bedeute, die Heiligtümer von Milliarden Christen und Muslimen zu erobern.

Tom Segev
Israelischer Historiker

Sechs Tage Krieg, drei Sichtweisen

1967 begann mit einem israelischen Überraschungsangriff auf Ägypten der Sechstagekrieg, der den Nahen Osten veränderte. Ein Historiker, ein israelischer Siedler und ein Palästinenser erinnern sich und werfen einen Blick auch in die Zukunft.

„Niemand kann auf Jerusalem verzichten"

Der in Jerusalem geborene Historiker Tom Segev glaubt ein halbes Jahrhundert nach den Ereignissen von 1967 nicht mehr an Frieden mit den Palästinensern.

Sie schreiben in Ihrem Buch „1967", dass sich Israel vor dem Sechstagekrieg in einer Depression befunden habe. Was heißt das?
TOM SEGEV: In den Jahren 1965 und 1966 hatte es den Anschein, als würde der noch keine 20 Jahre alte Staat in sehr vielen Bereichen große Fortschritte machen. Es wurde mit der Knesset ein neues Parlament gebaut, in Tel Aviv und Be'er Scheva wurden die ersten Hochbauten errichtet, es gab ein Weltraumprogramm, und bei einem internationalen Mathematikwettbewerb gewannen israelische Schüler. Zudem kamen von Jean-Paul Sartre bis Alfred Hitchcock zahlreiche Gäste aus dem Ausland, um Israel zu bewundern.

Im Sommer 1966 brach die Wirtschaft aber plötzlich ein – auch weil die Reparationszahlungen aus Deutschland ausliefen. Die Arbeitslosigkeit stieg, und mehr Israelis verließen das Land, als Juden neu einwanderten. Viele hatten das Gefühl, sie hätten sich im „israelischen Traum" geirrt. In dieser Situation kamen die Spannungen mit Ägypten.

Sie meinen, dass Ägyptens Präsident Abdel Nasser der UNO gesagt hat, sie soll ihre Truppen vom Sinai abziehen?
Ja. Im Kern war der Konflikt bereits damals ein israelisch-palästinensischer. Die Palästinenser haben in Israel mit ihrem Bombenterror begonnen, und Israel hat nicht gewusst, wie es adäquat reagieren soll. So hat man Militäraktionen gegen jene Länder durchgeführt, aus denen die Terroristen gekommen waren: aus Jordanien und Syrien. Syrien hatte einen Beistandspakt mit Ägypten, und als Israel im Mai 1967 sechs syrische MIGs abgeschossen hat, wollte Nasser demonstrieren, dass er hinter seinen Verbündeten steht, und verlangte von der UNO, dass diese ihre Soldaten aus Gaza zurückzieht, die dort seit der Sues-Krise von 1956 stationiert waren. Diese Forderung konnte für Israel nur bedeuten, dass Nasser Krieg wollte.

Wie hat Israels Regierung reagiert?
Der damalige Regierungschef war Levi Eshkol, ein anständiger Mann, ein Wirtschafter, aber bei Weitem nicht so charismatisch wie David Ben-Gurion. Der dramatischste Augenblick ereignete sich in den ersten Juni-Tagen. Eshkol wollte sich in einer Radioansprache ans Volk wenden. Unmittelbar zuvor hatte Eshkol aber eine Operation am Auge gehabt, weswegen er den Text und die handschriftlichen Korrekturen seines Beraters nicht lesen konnte. Live auf Sendung, hat er bei der Rede, auf die das ganze Volk vor den Radiogeräten gewartet hatte, mehrfach gesagt: „Was steht da geschrieben?" „Was soll ich sagen?" Es hörte sich wie Gestottere an.

War die Armee zu diesem Zeitpunkt bereits in Alarmbereitschaft?
Ja, es waren bereits 80.000 Männer eingezogen. Und deren Mütter und Frauen hörten den Ministerpräsidenten stottern. Das war eine furchtbare Symbolik, die zudem bei den Menschen reale Bedrohungsbilder erzeugte: Nasser hatte mehrfach angekündigt, Israel zu vernichten. Wie massiv die dadurch provozierte Holocaust-Angst war, habe ich Briefen entnommen, die Israelis in diesen Tagen an

WOLFGANG ZAJC

Tom Segev, Jahrgang 1945, zählt zu Israels bekanntesten Historikern. Der Sohn von vor den Nazis nach Palästina geflüchteten deutschen Eltern hat sich intensiv mit der Geschichte des Staates Israel beschäftigt. Im Buch „1967" beleuchtet er akribisch den Sechstagekrieg.

ihre in den USA lebenden Verwandten geschrieben haben. Der Grundtenor war: „Jetzt passiert es. Jetzt werden wir vernichtet."

Wie kam es von der Angst, vernichtet zu werden, zum Krieg, bei dem Israel den ersten Schuss abgegeben hat?
Aufgrund des massiven öffentlichen Drucks musste Eshkol, der nicht nur Ministerpräsident, sondern auch Verteidigungsminister war, die Verantwortung für die Armee seinem innenpolitischen Gegenspieler Moshe Dayan übertragen. In diesem Augenblick wusste jeder: Das bedeutet Krieg. Dayan und auch andere hochrangige Militärs haben der Regierung klar gesagt: „Wer als Erster anfängt, gewinnt. Wenn die Ägypter morgen Tel Aviv bombardieren, haben wir schon verloren." Der Sieg beruhte auf einem Erstschlag, von dem Eshkol aber nichts wissen wollte. Er wartete auf „grünes Licht" aus den USA. Dieses kam zwar Tage später, aber bis dahin war die Stimmung in Israel extrem aufgeheizt. Beinahe wäre es zum Militärputsch gekommen, aber der „Stotterer" erwies sich als starker Mann. Er wartete, bis Washington einem Krieg zustimmte. Am 5. Juni war es dann so weit.

Offenbar hatte Dayan mit seiner Theorie vom Erstschlag recht.
Ja, der Krieg gegen Ägypten war in eineinhalb Stunden zu Ende, und es gab keinen Grund mehr, die Vernichtung zu fürchten. Es stellte sich dadurch eine kollektive Euphorie ein, die so himmelhoch war, wie zuvor die Depression abgrundtief war. In dieser Stimmung kam der Gedanke auf, auch die Altstadt von Jerusalem zu erobern. Dies wurde bei einer Regierungssitzung beschlossen, aus deren Protokoll hervorgeht, dass kein Minister, kein Militär gefragt hat, was es für

Krieg im Juni 1967

Nach dem Aufmarsch ägyptischer Truppen kommt Israel einem befürchteten Angriff mit einem Präventivschlag zuvor, besiegt im Sechstagekrieg vom 5. bis zum 10. Juni 1967 die Armeen seiner arabischen Nachbarn Ägypten, Jordanien und Syrien und erobert ein Gebiet, das drei Mal so groß ist wie der noch junge Staat. Der Krieg endet mit der Besetzung des Sinai, des Gazastreifens, des Westjordanlandes und der Golanhöhen. Es ist ein Triumph, der das Land bis heute wie kein zweites Ereignis seiner Geschichte prägt.

11. Juni 1967: Israelische Einheiten rücken auf dem Golan vor.

Israel bedeute, die Grabeskirche und die Moscheen – die Heiligtümer von Milliarden gläubigen Christen und Muslimen – zu erobern. Man hatte weder juridisch noch politisch darüber nachgedacht. Dieser Entscheidung lag das historische Trauma von 1948 zugrunde, als man im Unabhängigkeitskrieg die Eroberung der Altstadt mit der Westmauer (Klagemauer) nicht geschafft hatte. Mit der Eroberung der Altstadt Jerusalems im Juni 1967 haben die Verantwortungsträger beschlossen, dass es niemals Frieden geben wird. Denn niemand kann auf Jerusalem verzichten.

Wie stehen 50 Jahre nach der Eroberung Ost-Jerusalems und des Westjordanlandes die Chancen eines israelischen Rückzugs, der zu einer Zwei-Staaten-Lösung führen könnte?
Sechs von zehn Israelis sind nach dem Sechstagekrieg geboren oder waren Kinder. Die grüne Linie (Anmerkung: Grenzlinie von 1948 bis 1967 zwischen Israel und dem Westjordanland) ist für sie ein historisches Kuriosum. Die große Mehrheit der Israelis glaubt nicht an einen Frieden mit den Palästinensern. Das gilt aber auch umgekehrt.

Also eine Ein-Staaten-Lösung, in der die Mehrheit bestimmt?
Das geht gar nicht, denn hat irgendjemand einmal gefragt, ob die Palästinenser überhaupt mit uns in einem Staat leben wollen? Die Araber, das ist eine andere Gesellschaft, eine andere Religion mit anderen Grundwerten – wie soll das funktionieren? Damit kommen wir noch einmal zu Ben-Gurion, der bereits 1919 gesagt hat: „Es gibt kein Volk, das sein Land aufgibt. Und deswegen kann es auch nie eine Verständigung mit den Arabern geben."

„Dieser Krieg hat alles von unten nach oben verkehrt"

Der aus einer alten Jerusalemer Familie stammende palästinensische Philosoph Sari Nusseibeh fordert Gleichheit von Juden und Nichtjuden.

Sie waren während des Sechstagekrieges 18 Jahre alt. Welche Erinnerung haben Sie an diese Tage?
SARI NUSSEIBEH: Zu diesem Zeitpunkt habe ich bereits in England studiert. Aber als ich dann im August 1967 nach Hause geflogen bin, habe ich bemerkt, dass dieser Krieg alles von unten nach oben verkehrt hat. Mit einem Mal lebten wir Araber in einer völlig neuen Realität.

Völlig verändert heißt aber auch – zumindest wirtschaftlich – zum Vorteil der Araber.
Das stimmt, aber zunächst war ich einmal vom Lebensstil der Israelis schockiert. Ich hatte mir immer vorgestellt, sie seien hoch entwickelt. Tatsächlich waren ihre Autos klein und alt, die Kleidung nicht sehr europäisch und die Stadtplanung nicht sehr weit entwickelt. Durch die Eroberung hat Israel das Potenzial der arabischen Arbeitskräfte genutzt, und diese haben davon profitiert. Bis 1967 haben sie in der überwiegenden Mehrheit von kleinen Landwirtschaften in einer Art Selbstversorgerwirtschaft gelebt. Nun aber konnten Männer und auch Frauen direkt Geld verdienen, was es Frauen ermöglicht hat, unabhängiger und selbstbewusster zu werden, und Jugendlichen, sich schneller von ihren Eltern zu lösen. Das Geld wurde rasch in den Konsum gesteckt, wodurch es zu einem wirtschaftlichen Aufschwung gekommen ist.

Das klingt, als wäre die Eroberung ein einziges positives Ereignis gewesen.
Nein, so kann man das nicht sehen, denn dem individuellen Einkommenszuwachs stand und steht bis heute eine palästinensische Wirtschaft gegenüber, die von den Israelis kontrolliert wird. Das gilt für die Landwirtschaft, für das Wasser und auch für das Land. Wir haben uns als Individuen wirtschaftlich entwickelt, nicht aber als Nation. Das ließ den Wunsch nach politischer Selbstbestimmung immer stärker werden.

Welche Rolle spielten dabei die politisierten Studenten und jungen Akademiker?
Deren politisches Bewusstsein wuchs rasch an. Es ging um die Findung der eigenen Identität gegenüber der israelischen Okkupation, aber auch gegenüber den übrigen arabischen Völkern. Waren ihre Väter noch Araber, so waren sie die ersten Palästinenser. Sie wollten selbst aktiv werden und nicht mehr auf die so oft beschworene arabische Bruderhilfe und auf die internationale Hilfe warten. Gerade der Sechstagekrieg zeigte der Jugend: Die arabischen Führer waren trotz ihrer bombastischen Rhetorik auf diesen Krieg völlig unvorbereitet gewesen.

War das nicht bereits beim israelischen Unabhängigkeitskrieg von 1948 der Fall gewesen?
Die beiden Kriege, die ja nur 19 Jahre aus-

PICTUREDESK/CORINNA KERN/LAIF

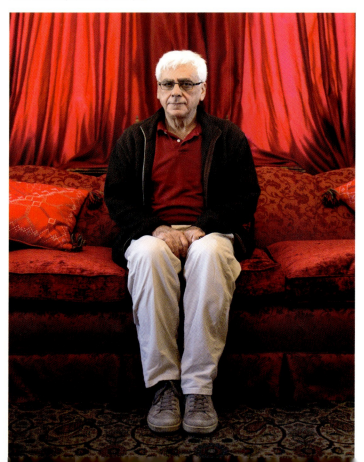

Sari Nusseibeh, Jahrgang 1949, ist emeritierter Präsident der arabischen Al-Quds-Universität in Jerusalem, an der er Philosophie lehrte. Er war Politiker der PLO und setzt sich seit Jahren für Frieden im Nahen Osten ein. 2007 veröffentlichte er seine Autobiografie.

> „Wesentlich ist, dass die Menschen endlich Frieden bekommen. Jeder soll seinen eigenen Freiraum haben."
>
> **Sari Nusseibeh**
> Palästinensischer Philosoph und Politiker

einanderliegen, sind doch sehr unterschiedlich in ihren Auswirkungen auf die Palästinenser. Mit dem Sieg Israels 1948 hatte es den Anschein, als würden die einzig möglichen legitimen Anwärter auf das Land Palästina – die Palästinenser – endgültig von der politischen Bühne ausgeschlossen. Der Sechstagekrieg erlaubte es ihnen aber paradoxerweise wieder, auf dieser Bühne zu erscheinen. Nach dem Krieg von 1948 war Palästina in drei Teile aufgeteilt – in Israel und die von Jordanien bzw. Ägypten kontrollierten Teile. Nach 1967 waren sie alle wieder vereint, und das bedeutete die Wiederherstellung von Kommunikationskanälen, die seit 1948 unterbrochen waren. Und so wuchsen das Bewusstsein von Einheit und die Überzeugung, dass wir Palästinenser selbst die Schlüsselrolle bei unserer Befreiung übernehmen müssen.

Und die soll in einer Zwei-Staaten-Lösung bestehen?
Eine solche ist mittlerweile unrealistisch. Vielmehr müssen wir alle Möglichkeiten von Lösungen in Betracht ziehen. Wir müssen uns fragen: Was wollen wir? Wirklich eine Trennung des Landes oder eine Vereinigung in Form einer Föderation? Wesentlich ist, dass die Menschen endlich Frieden bekommen. Und wesentlich ist mir, dass dabei zwei Prinzipien durchgehalten werden: Es muss Gleichheit zwischen Juden und Nichtjuden geben, und: Jeder soll seinen eigenen Freiraum haben, um sich eigenständig entwickeln zu können.

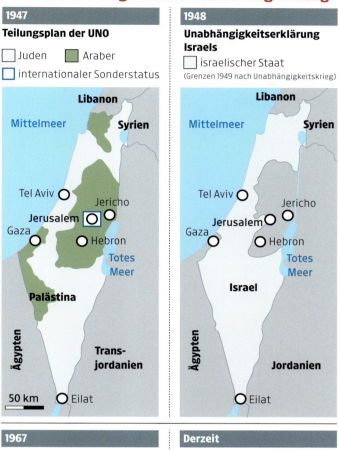

Grenzverschiebungen seit Israels Staatsgründung

* Rückgabe der Halbinsel Sinai 1979 (Camp David) Quelle: APA

> Die meisten Araber in diesem Land sind Neuankömmlinge wie wir Juden. Sie müssen verstehen, dass dies das Land des jüdischen Volkes ist.

Hagi Ben-Artzi
Gründer der Siedlung Bet El im Westjordanland

„Ein größeres Israel ist Gottes Wille"

Der Siedler Hagi Ben-Artzi träumt von einem weiteren Krieg, der Israel bis an den Euphrat, den Nil und die Berge des Libanons bringt.

Auch wenn das Land vor etwa 4000 Jahren Abraham von Gott versprochen wurde, so ist die Bibel doch kein Grundbuchauszug. Der Hügel hat doch jemandem gehört, als Sie vor 40 Jahren die Siedlung gegründet haben.
HAGI BEN-ARTZI: Nein, das Land hat niemandem gehört. Hier gab es nur ein Militärcamp, das von den Briten errichtet worden ist und das nach 1948 der jordanischen Armee gehört hat. Im Sechstagekrieg ist es von Israel erobert worden. Und auf diesem Areal, das wir vom Militär bekommen haben und wo es keine arabischen Dörfer gegeben hat, gestattete uns die Regierung von Menachem Begin, eine Siedlung zu errichten. Sogar der Oberste Gerichtshof hat uns nach Einsprüchen der Araber recht gegeben.

Die internationale Gemeinschaft hat aber in Gesetzen festgeschrieben, dass es nicht erlaubt ist, Siedlungen in besetzten Gebieten zu errichten.
Wenn ich den Terminus „internationale Gemeinschaft" höre, dann ist meine erste Assoziation, dass diese internationale Gemeinschaft sechs Millionen Juden auf dem Gewissen hat. Da schließe ich nicht nur die deutschen und österreichischen Nazis ein, sondern auch die USA, die die Bahngeleise nach Auschwitz nicht bombardiert haben, und auch die Briten, die es Juden verboten haben, nach Palästina zu kommen, weswegen sie ins Gas getrieben wurden.

In den vergangenen 1300 Jahren haben Araber hier geherrscht, negieren Sie das einfach?
Viele von denen kamen erst im 19. und 20. Jahrhundert, weil es für sie immer dort, wo Juden eingewandert waren, gute Verdienstmöglichkeiten gab. Die meisten Araber in diesem Land sind Neuankömmlinge wie wir Juden. Aber sie müssen verstehen, dass die Juden in ihre Heimat zurückgekommen sind und dies das Land des jüdischen Volkes ist.

Sie sprechen immer sehr unbestimmt von diesem Land und nennen dabei keine Grenzen.
Zunächst sprechen wir einmal von dem Land zwischen Mittelmeer und dem Jordan, wobei die Berge in Judäa und Samaria immer das Herzstück des historischen Israel gebildet haben. An der Küste waren die Kanaaniter, die Philister und die Phönizier zu Hause, in den Bergen um Jerusalem, in Tekoa, Bethlehem, Hebron, Shilo, Sichem und Jericho – Orte in den sogenannten besetzten Gebieten – hat sich die Geschichte der Juden zugetragen.

Sie scheinen inkonsequent, was die Grenzziehung betrifft, denn immerhin haben sich zweieinhalb der zwölf Stämme Israels vor mehr als 3000 Jahren im Gebiet des heutigen Jordanien angesiedelt. Erheben Sie darauf Anspruch?
Von einem strategischen Punkt aus stellt der Jordan eine natürliche Grenze dar – er ist somit ein idealer Grenzverlauf. Von einer biblischen Betrachtungsweise her muss man allerdings sagen, dass ein größeres Israel Gottes Wille ist.

Stellen demnach die beiden blauen Linien auf Israels Flagge den Nil und den Euphrat dar?
Ja, das ist der Wille Gottes. Wir wissen noch nicht, wie er sich erfüllt, aber es konnte sich vor 200 Jahren auch niemand vorstellen, dass das jüdische Volk eines Tages in seine angestammte Heimat zurückkehren wird. Es konnte sich auch niemand vorstellen, dass das kleine Israel im Sechstagekrieg mehrere arabische Armeen schlagen und ein Land erobern würde, das drei Mal so groß war wie Israel. Das sind unglaubliche Zeichen. Ich sehe dies als Wunder und ich glaube, dass uns Gott in einem weiteren Krieg bis an den Euphrat, an den Nil und in die Berge des Libanon bringt.

Man müsste sich vor Ihren Theorien beinahe fürchten, wenn nicht klar wäre, dass sie innerhalb der jüdischen Gemeinschaft Israels eine Minderheit darstellen.
Ja, ich gehöre zur absoluten Minderheit. Selbst Abraham war nur eine Person, und er hat die Welt verändert. Das gilt auch für Jesus und Mohammed. Es ist nicht die Masse, die die Welt verändert, sondern der Glaube und die Vorbestimmung.

Hagi Ben-Artzi, Jahrgang 1950, ist nicht irgendein Siedler. Der Schwager von Premier Benjamin Netanjahu hat vor über 40 Jahren die Siedlung Bet El im Westjordanland gegründet und gilt als Ikone des radikalen Flügels der Bewegung.

Wem gehört das Heilige Land?

Was mit ein paar Häusern in den Bergen Judäas begann, ist heute eine Bewegung, die Israel und Palästina nachhaltig verändert hat. Aber sind die Siedler in der Westbank das einzige Hindernis für den Frieden?

Eine jüdische Siedlerin mit ihren Kindern auf einem Vorposten in der Nähe der Kolonie Kokhav Ha Shahr im besetzten Westjordanland

MEIN GELOBTES LAND

Es gibt hierzulande beinahe unumstößliche Meinungen zum Nahen Osten. Eine davon lautet: Die Siedler sind ein Hindernis für den Frieden. Wenn sie sich erst einmal von den Golanhöhen, vor allem aber aus dem Westjordanland (der Westbank) und Ostjerusalem zurückgezogen haben werden, dann steht einem umfassenden Frieden nichts mehr im Wege. Dann nämlich würden die Palästinenser ihre Souveränität erlangen und könnten einen eigenen Staat gründen. Damit sei auch der seit mehr als 100 Jahren schwelende Konflikt zwischen den Juden und den Arabern beigelegt.

Die Siedler als das große, das beinahe einzige Hindernis auf dem Weg zum Frieden – hinter diese Aussage darf ein vorsichtiges Fragezeichen gesetzt werden. Vorweg eine Erklärung: Wenn ich im Folgenden die Ideologie der Siedler beschreibe, dann geht es mir nicht um deren Verteidigung, sondern einzig um die Frage, wie sich aus einer kleinen Minderheit eine politische Kraft entwickeln konnte, die seit Jahren im israelischen Parlament vertreten ist und mehrfach als Regierungspartner Einfluss auf die Politik des Staates genommen hat. Und noch eine Klärung vorweg: Wenn wir im Deutschen von einer „Siedlung" sprechen, verstehen wir darunter eine Ansammlung von Häusern im ländlichen Bereich. Im urbanen Umfeld wird damit ein Stadtteil beschrieben. Nie bezeichnen wir mit diesem Begriff, was ein „settlement" wie Ma'ale Adumim östlich der Altstadt von Jerusalem tatsächlich ist: eine Kleinstadt mit 40.000 Einwohnern. Von den Häusern, die in den Fels der judäischen Wüste gebaut wurden, hat man einen wunderbaren Blick in die Wüste Juda. Weit im Hintergrund sieht man bis nach Jordanien. In dieser „Siedlung" lebt es sich aufgrund der perfekten Infrastruktur mit Bildungseinrichtungen, einer hervorragenden medizinischen Versorgung, Shoppingmalls und Grünanlagen wunderbar. Und wenn man ins nahe Jerusalem will, dann ist man in 20 Minuten mitten im Stadtzentrum.

Knapp 600.000 Israelis leben mittlerweile in Ostjerusalem und in 250 Siedlungen im Westjordanland. Manche in „Außenposten", die oft nur aus wenigen Wohncontainern und einem Wasserturm bestehen, andere in Städten wie Ma'ale Adumim oder Modi'in Illit. Viele, so stellt die israelische Menschenrechtsorganisation B'Tselem fest, seien auf privatem Grund und Boden arabischer Eigentümer errichtet worden. Die konservativen Regierungen des Likudblocks in Jerusalem, die nicht von „besetzten", sondern bevorzugt von „umstrittenen" Gebieten sprechen, bestreiten dies. Sie behaupten, dass viele Siedlungen auf Land errichtet worden seien, für das niemand einen Besitznachweis hatte erbringen können. Das stimmt, hat aber damit zu tun, dass sich die Araber über Jahrhunderte auf ein Gewohnheitsrecht stützten, das nicht schriftlich festgehalten wurde. Kaum ein arabischer Grundbesitzer hielt es für nötig, seinen Besitz, von dem alle Nachbarn wussten, in alle Rechtssysteme des letzten Jahrhunderts eintragen zu lassen.

Die Israelis sahen das anders: Wer für seinen Grund und Boden keinen Nachweis erbringen konnte oder wer im Rahmen von Kriegshandlungen geflüchtet war und seinen Rechtsanspruch nicht innerhalb einer Frist geltend machen konnte, verlor sein Land. Und zu all dem kamen noch die Enteignungen aus Sicherheitsgründen. Solche wurden aber nicht nur vom israelischen Militär, sondern auch von der palästinensischen Behörde vorgenommen. So verlor beispielsweise eine christliche Familie in Bethlehem einen Acker an die neue arabische Verwaltung der PLO mit der Begründung, ihr bleibe auch danach noch genug Fläche. Einen rechtlichen Einspruch dagegen gab es nicht. Sehr wohl war aber ein solcher auf israelischer Seite möglich, wo immer wieder auch zugunsten der klagenden arabischen Parteien entschieden wurde und wird.

Ein arabischer Bauer steht in seinem von radikalen jüdischen Siedlern abgeholzten Olivenhain in der Nähe von Nablus in der Westbank.

Die **Westbank**

Das von Israel besetzte Westjordanland, das zusammen mit dem Gazastreifen den künftigen Staat Palästina bilden soll, hat gerade einmal die Fläche von 6220 Quadratkilometern. Das sind zwei Drittel von Kärnten. In diesem kleinen Gebiet leben derzeit geschätzte 4,3 Millionen Einwohner. Mehr als 50 Prozent von ihnen sind noch keine 16 Jahre alt. Man kann leicht abschätzen, wie explosiv die Lage in den kommenden Jahren allein schon wegen der sozialen Frage sein wird.

Aber nicht nur die Größe der Siedlungen, auch deren Verteilung ist ein Politikum. Sie zerschneiden die palästinensischen Autonomiegebiete der Westbank in einen unübersichtlichen kleingemusterten „Teppich", sodass diese in keinem Fall mehr die räumliche Grundlage für einen eigenen arabischen Staat im traditionellen Sinne bilden können. Die von Europa noch immer favorisierte Zweistaatenlösung ist somit längst nicht mehr möglich.

Um die Siedlerbewegung zu verstehen, muss man in der Geschichte Israels bis ins Jahr 1965/66 zurückblicken. Der junge Staat war keine 20 Jahre alt und hatte dennoch bereits eine Geschichte, auf die man stolz sein konnte. Wirtschaftlich ging es steil bergauf. Die Linke in Europa sah in Israel ein Labor, in dem Erfolge erreicht wurden, die in der Nachkriegsordnung des Kalten Kriegs in Europa undenkbar waren. Israel wurde somit zur Projektionsfläche der eigenen Hoffnungen.

Im Jahr 1966 brach der Höhenflug abrupt ab. Es kam zu einer hohen Arbeitslosigkeit. Eine kollektive Depression griff um sich, viele Menschen fragten sich, ob das Experiment, den Juden auf der ganzen Welt nach 2000 Jahren eine nationale Heimstätte zu geben, auch schon wieder gescheitert war.

Dazu kam der enorme politische Druck, den die Palästinenser über Terroraktionen aufgebaut hatten. Die Regierungen in Jerusalem wussten zunächst nicht, wie sie mit dem neuen Phänomen umgehen sollten. Also rächte man sich an jenen Ländern, aus denen die Attentäter nach Israel gekommen waren: an Syrien und Jordanien.

Da Damaskus aber mit Kairo einen militärischen Beistandspakt geschlossen hatte, musste Ägypten reagieren. Es sperrte die Seestraße von Tiran an der Südspitze der Sinaihalbinsel und schnitt Israel von einem überlebensnotwendigen Verkehrsweg ab. Ministerpräsident Levi Eshkol (1963–1969) war höchst gefordert. Seine Aufgabe wäre es gewesen, die Bevölkerung zu beruhigen und zu zeigen, dass er das Heft des Handelns in der Hand hatte. Nach der Ankündigung des ägyptischen Präsidenten Abdel Nasser, „Israel von der Landkarte auszuradieren", hatte sich wieder die alte Holocaust-Angst breitgemacht. Rabbiner widmeten Parkanlagen und Fußballplätze in Friedhöfe um, um die 50.000 toten Juden, die die Regierung durch einen Krieg mit dem „neuen Hitler" erwartete, in geweihter Erde beisetzen zu können.

Eshkol gelang es aber nicht, seine Landsleute zu beruhigen. Statt eines souveränen Regierungschefs erlebten die Israelis einen zaudernden Premier, was noch mehr Ängste schürte.

Die Stimmung der Ausweglosigkeit schlug jedoch in Euphorie um, als Israel nach langen politischen Querelen einen militärischen Erstschlag am 5. Juni 1967 führte. Innerhalb von nur drei Stunden zerstörte die Luftwaffe die Militärflugzeuge von vier arabischen Staaten und eroberte in sechs Tagen ein Territorium, das dreimal so groß war wie die eigene Staatsfläche. Es waren dies der Sinai und der Gazastreifen sowie die Golanhöhen, vor allem aber das Westjordanland mit der Altstadt von Jerusalem. Selbst hartgesottene Soldaten hatten Tränen der Freude in den Augen, als sie – als die ersten Juden seit 19 Jahren – die Westmauer (auch: Klagemauer) besuchen konnten, den heiligsten Ort des Judentums.

Auch mit der Westbank kamen einige der Orte unter Israels Kontrolle, die das biblische Israel geprägt hatten: Bethlehem, der Geburtsort von König David; Tekoa, der des Propheten Amos; Hebron, wo die drei Patriarchen Abraham, Isaak und Jakob mit ihren Frauen Sara, Rebekka und Lea begraben liegen; Jericho, die erste Stadt, die das Volk Israel unter Josua erobert hat; Nablus, wo Josua seinen Bund mit Gott erneuerte; Bet El, wo Gott Abraham das gesamte Land versprochen hat, und andere mehr.

Israel, das wenige Tage zuvor noch von seiner Vernichtung überzeugt gewesen war, war euphorisiert. Es gab in diese Stimmung der Unbesiegbarkeit hinein auch warnende Stimmen, wie jene des Naturwissenschaftlers und Religionsphilosophen Jeschajahu Leibowitz, der mahnte, die Kontrolle über die Araber würde Israel korrumpieren.

Leibowitz blieb ein Rufer in der Wüste. Hagi Ben-Artzi, Siedlerideologe und Schwager des Langzeitpremiers Benjamin Netanjahu, lebt in der Siedlung Bet El nördlich von Jerusalem. Er lässt Bedenken über die Unrechtmäßigkeit seines Wohnsitzes erst gar nicht aufkommen. Auf die Frage, wie es sich auf Grund und Boden lebt, der einem nicht gehört und den Israel nach den Rechtsnormen der internationalen Gemeinschaft mit Waffengewalt besetzt hat, antwortet der Professor für biblische Studien an der Bar-Ilan-Universität in Tel Aviv ruhig, dass die Westbank nicht „besetzt" sei. Besetzt hätten die Engländer Indien, die Franzosen Algerien oder die Italiener Äthiopien – Staaten, die zu den von ihnen eroberten Territorien keine Bindung hätten. Juden aber seien nur auf ihren historischen Mutterboden aus dem Exil zurückgekehrt. „Wenn wir die Westbank aufgeben, dann gibt es auch keine Rechtfertigung für den Zionismus im Staat Israel in den Grenzen von 1948 bis 1967. Denn in diesem Küstenbereich von Gaza über Tel Aviv bis Haifa haben auch in der Geschichte die Philister und Kanaaniter gelebt – die Israeliten waren immer in den Bergen angesiedelt."

Die moralische und auch die historische Argumentationslinie von Ben-Artzi bewegt sich auf zwei Ebenen, denen das Völkerrecht widerspricht. In der IV. Genfer Konvention, Artikel 49 (6) des Jahres 1949, wurde nämlich festgelegt, dass die Ansiedelung von Teilen der Bevölkerung eines Staates auf dem Gebiet eines anderen Staates, das von diesem unter Waffengewalt eingenommen wurde, verboten ist.

So eindeutig die Gesetzeslage scheint, so wenig klar ist sie in Bezug auf das Westjordanland, denn die Araber lehnten am 29. November 1947 eine Zweistaatenlösung, wie sie die UN-Generalversammlung in der Resolution 181 beschlossen

Die 1975 mit lediglich 23 Familien im Westjordanland gegründete israelische Siedlung Ma'ale Adumin ist mittlerweile auf eine Stadt mit fast 40.000 Einwohnern angewachsen.

hatte, ab. Die Juden riefen hierauf am 14. Mai 1948 ihren Staat aus. Das Territorium der Westbank wurde aber vom haschemitischen Königreich Jordanien im selben Jahr erobert und 1950 – gegen die Bestimmungen des Völkerrechts – annektiert. Ben-Artzi geht zum Angriff über: „An wen sollten wir das Westjordanland zurückgeben?", fragt er nicht ohne zynischen Unterton. „An die Palästinenser? So einfach geht das nicht. Erstens haben es die Araber 1947 noch als Schimpfwort empfunden, wenn sie als Palästinenser bezeichnet wurden, und: Das, was sie 1947 und auch in den Jahren danach mehrfach und vehement abgelehnt haben, wollen sie ein paar Jahre später doch haben? Die Politik ist kein Wunschkonzert."

In einigen Fällen, wie etwa in Hebron, ist der Beginn der Siedlertätigkeit tatsächlich eine Heimkehr in alte jüdische Wohngebiete. Die Stadt hatte vor allem nach der Vertreibung der Juden aus Spanien 1492 eine starke Gemeinde und zählte neben Jerusalem, Tiberias und Safed zu den vier heiligen Städten des Judentums. Lange Jahre gab es ein weitgehend konfliktfreies Nebeneinander von Juden und Muslimen. Diesem bereitete der Aufruf des damaligen Muftis, Scheich Amin al Husseini, 1929 ein Ende. Er hatte von den Minaretten aus dazu aufgerufen, die Juden wie Tiere zu schlachten. 67 Juden wurden hingemeuchelt, zahlreiche verletzt. Viele überlebten auch nur, weil ihnen arabische Nachbarn, die sich nicht hatten aufhetzen lassen, Schutz gewährten. Jedenfalls führte das Massaker dazu, dass die Briten 1936 die jüdische Gemeinde evakuierten. Wenige Monate nach dem Sechstagekrieg kehrten Juden wieder nach Hebron zurück. Sie feierten dies als Heimkehr in die alte Heimat.

Die Frage, die sich daraus ergibt, lautet: „Wie lange darf man die Geschichte zurückdrehen, um daraus aktuelle politische Forderungen abzuleiten?"

Eine ganz andere Situation als der Sechstagekrieg brachte der Jom-Kippur-Krieg, bei dem es am 6. Oktober 1973 der ägyptischen Armee gelang, die israelischen Streitkräfte zu überrumpeln. An diesem höchsten jüdischen Feiertag überschritten die Ägypter den Sueskanal, überrannten die Verteidigungsanlagen der Israelis, während im Norden die Syrer einen Großteil der Golanhöhen eroberten. Innerhalb weniger Tage wurden Tausende israelische Soldaten getötet, verwundet oder gefangen genommen. Nach sechs Jahren, in denen sich das Land im Zustand der Unbesiegbarkeit wähnte, drohte nun die bittere Niederlage.

So unterschiedlich die Erfahrungen mit den beiden Kriegen waren, so sehr wirkten sich beide auf die Siedlungsthematik aus. War es einmal der Siegesrausch gewesen, der die national-religiösen Kräfte entfacht hatte, so war es nun die Frage der bedrohten Sicherheit, deretwegen man glaubte, kein Territorium aufgeben zu können. Tatsächlich genehmigte die sozialdemokratisch geführte Alleinregierung – und nicht, wie oft behauptet, der siedlerfreundliche Likudblock – die ersten Siedlungen. Sie sollten an der langen Grenze zu Jordanien Wehrdörfer bilden. Galten die Siedler von „Gusch Emunim" nach 1967 als radikale Randerscheinung in der Gesellschaft Israels, so rückten sie nach 1973 mehr und mehr in deren Mitte. Sie nahmen für sich in Anspruch, die Erben der alten sozialistischen Gründergeneration zu sein, die mittlerweile amtsmüde und korrupt geworden war und die durch die Bedrohung des Jom-Kippur-Krieges einen enormen Imageverlust erlitten hatte.

Die Siedler mit ihren gehäkelten Kippas, ihren Flanellhemden und den darunter hervorstehenden Gebetsschnüren, ihren leichten Bergschuhen und den weiten

Kakihosen sahen sich als die idealistische, messianische Pionierbewegung, die das Land schützen wollte. Sie waren die Erben jener Pioniere, die Jahrzehnte zuvor den Staat aufgebaut hatten.

Potenziert wurden das Trauma des Oktober 1973 auch noch durch die internationalen Entwicklungen. Durch die Aufgabe Südvietnams durch die USA und erst recht durch die Rückgabe des Sinai 1979 an Ägypten fürchtete Israel, ein Spielball der Großmächte zu werden. In den 1980er- und 1990er-Jahren hat in Israel das Schlagwort regiert: „Frieden gegen Land." Man war durchaus bereit, den Palästinensern Zugeständnisse zu machen. Der Rückzug aus dem Gaza-Streifen unter Premier Ariel Scharon, einem einst radikalen Siedler-Befürworter, im Jahre 2005 und der bereits fünf Jahre zuvor erfolgte Abzug aller israelischen Truppen aus dem Südlibanon brachten Israel aber nur den Beschuss durch Tausende Raketen ein. In den nahe dem Gaza-Streifen gelegenen Orten wie Sderot, wo die meisten Geschosse niedergehen, hat man heute eine Vorwarnzeit von weniger als einer Minute. Zu wenig Zeit, um Kleinkinder oder auch ältere Bewohner in sichere Unterkünfte zu bringen.

Israel ist, was die Frage der besetzten Gebiete angeht, nach all den Jahren der Bemühungen, der Rückschläge, der Ermah-

Mit einem Protestmarsch erinnern Palästinenser in der Nähe von Nablus am 30. März, dem „Tag des Bodens", an die Enteignungen arabischen Bodens, zu denen es im Jahr 1976 in Galiläa kam.

Die „Nakba"

„Nakba", die „Katastrophe", so nennen die Araber die Gründung des Staates Israel 1948 und ihre Vertreibung aus vielen Gebieten Palästinas. Was mit dem Überfall der arabischen Nachbarn auf den gerade proklamierten jüdischen Staat begann, endete mit der Entwurzelung und Flucht von 730.000 Palästinensern und der Zerstörung von Hunderten arabischen Dörfern.

nungen und der guten Ratschläge aus dem Westen, aber auch durch die eigene Selbstzufriedenheit müde geworden. Das zeigt sich auch daran, dass in den Wahlkämpfen der letzten Jahre nicht mehr Friedensthemen, sondern Sicherheitsthemen den Ton angaben. Ein Austausch mit palästinensischen Politikern findet kaum noch statt, vor allem, weil die in Gaza regierende Hamas sich ihr politisches Überleben mit dem Slogan der Vernichtung Israels sichert. Und auch mit den Vertretern der PLO findet man kaum eine Basis, denn selbst dort ist Israel höchst negativ besetzt. Und in vielen Fällen wird der Judenstaat völlig ignoriert. So gibt es bis heute arabische, von der EU mitfinanzierte Schulbücher, in denen weder Israel noch die Schoah vorkommen, in denen die Juden als Feinde des Propheten Mohammed dargestellt werden und in denen die jüdische Geschichte im Land, und vor allem in Jerusalem, völlig negiert und geleugnet wird. Dafür werden die „Märtyrer", die möglichst viele Juden bei Selbstmordattentaten umbrachten, gelobt und als Vorbilder dargestellt.

Auf der anderen Seite haben auch die jungen Israelis nach dem Bau der Trennungsmauer zur Westbank hin keine Vorstellung mehr von der Lebenswelt der Araber. Für die junge, lebenslustige und höchst erfolgreiche Generation in Tel Aviv ist der Nahostkonflikt so weit entfernt wie jener zwischen dem Nord- und dem Südsudan. Dementsprechend werden die täglichen Querelen auch nicht mehr in der Realität wahrgenommen, sondern nur mehr über die Medien konsumiert.

Der Kontaktverlust in der Alltäglichkeit führt zu einem raschen Aufbau von Feindbildern, die auch nur selten korrigiert werden können. Einer, der sich darum intensiv bemüht hat, war Mohammed Dajani Daoudi von der Ostjerusalemer Al-Quds-Universität. Zusammen mit der Friedrich-Schiller-Universität in Jena und der Ben-Gurion-Universität in Be'er Scheva initiierte er ein Studienprogramm zum Thema gegenseitiges kulturelles Lernen. Die Idee war, palästinensischen Studenten die Konzentrationslager von Auschwitz zu zeigen, um ihnen so die Ängste der Israelis verständlich zu machen. Zugleich sollten Studenten aus Tel Aviv in das Flüchtlingslager Dheisheh nahe Bethlehem fahren, um die Lebensbedingungen der Palästinenser, die im Krieg von 1948 aus ihren Häusern vertrieben worden waren, kennenzulernen. Im März 2014 machte sich Dajani mit 27 Studenten nach Polen auf – die innerpalästinensischen Folgen waren furchtbar. Der renommierte Professor wurde als „Verräter" beschimpft und der „Kollaboration" mit den Israelis bezichtigt. Ein Vorwurf, der in der arabischen Gesellschaft sehr gefährlich sein kann.

Ich versuchte Professor Dajani von meinem israelischen Handy aus mehrfach anzurufen, er hob nie ab. Ich erkundigte mich bei seinem Cousin, ob er im Lande sei, was mir dieser versicherte. Dann versuchte ich es mit einem Trick: Ich benutzte in Jerusalem ein österreichisches Mobiltelefon. Nach dem zweiten oder dritten Läuten meldete sich Dajani. Auf meine Frage, warum er auf die israelische Telefonnummer nicht reagiere, sagte er: „Ich bin müde, beschimpft und verunglimpft zu werden, nur weil ich ein international anerkanntes akademisches Studienprogramm umsetzen wollte." Mehr wollte Dajani dazu nicht sagen, er habe in dieser Sache schon genug gelitten. Tatsächlich kündigte der Rat der Professoren an der arabischen Universität im Mai das Dienstverhältnis Dajanis, wenige Monate später ging vor seinem Haus sein Auto in Flammen auf. Da ist es nur allzu verständlich, dass Dajani in dieser Sache keine Interviews mehr geben wollte.

In Europa ist man versucht, beide Seiten des Konflikts als Gesellschaften mit annähernd gleich hohem Entwicklungsgrad zu sehen. Das gilt – Dajani ist nur eines von vielen Beispielen – sicher nicht in Bezug auf die Selbstreinigungskräfte in der jeweiligen Gesellschaft. In Israel gibt es zahlreiche Initiativen – von „Women in black" über „Jesch Gwul" bis zu „Breaking the Silence" oder „B'Tselem" –, die mit Hartnäckigkeit und Ausdauer die Besatzungspolitik

Israelische Soldaten bilden am Kontrollpunkt Tapuach südlich von Nablus einen Sicherheitskordon, um nach Ermordung eines jüdischen Siedlers durch einen Palästinenser in der aufgeheizten Stimmung jede weitere Eskalation zu vermeiden.

und deren Folgen anklagen. Sie scheuen sich nicht darzustellen, wie Siedler – oft unter Duldung staatlicher israelischer Institutionen – in arabischen Dörfern Olivenbäume ausreißen, wie man den Palästinensern das Wasser abdreht oder wie Siedler provokant und auch bedrohlich mit ihren arabischen Nachbarn umgehen. Auf arabischer Seite gibt es hingegen oft nur Einzelinitiativen, die sich um Vermittlung und Aussöhnung bemühen. Diese haben es mangels Rückhalt in der eigenen Gesellschaft extrem schwer. Deswegen versuchen sie oft auch nur, die soziale Situation innerhalb der eigenen Gesellschaft zu verbessern, und sparen große politische Visionen aus. Es mag zynisch klingen, aber es dürfte stimmen: Der Konflikt wird vermutlich noch viele Opfer fordern, auf beiden Seiten.

Dieser Text ist ein Auszug aus dem Buch „ISRAEL" von **Wolfgang Sotill**

Straßenszene in Jerusalem. Viele israelische Araber fühlen sich als Bürger zweiter Klasse behandelt.

Fremd im eigenen Haus

Fast ein Fünftel der Bürger Israels sind Araber. Eine gemeinsame Identität zu entwickeln, fällt vielen schwer, auch weil sie immer noch diskriminiert werden.

Wann immer sich der emeritierte griechisch-katholische Bischof von Galiläa Elias Chacour vorstellt, sorgt er für Verwirrung: „Ich bin Israeli und Araber, Palästinenser und Christ." Wie kann man das alles zugleich sein? Sind das nicht sich ausschließende Gegensätze? Das sind die Fragen, die verständnislose Besucher ihm häufig stellen. Die Antwort liegt in der wechselhaften Geschichte des Landes. Chacour kam 1939 als Kind arabischer Eltern, die sich zum Christentum bekannten, in Palästina zur Welt. Er wuchs im kleinen Dorf Gisch auf, das nach dem Waffenstillstand von 1949 zu Israel gehörte. Damit vereint Chacour all diese politischen und religiösen Identitäten in sich.

Im heutigen Staat Israel sind knapp 20 Prozent der neun Millionen Einwohner Araber. Sie sind israelische Staatsbürger, haben offiziell die gleichen Rechte und Pflichten wie die jüdischen Israelis, mit einer Ausnahme: Sie müssen nicht zum Militär. Sie können das freilich, wenn sie es wollen. Vor allem eine kleine Gruppe arabischer, griechisch-orthodoxer Christen aus Nazareth befürwortet den Militärdienst. Ihr Argument: Israel sei ihre Heimat, die sie im Notfall auch verteidigen müssten. Diese Ansicht teilen aber nur wenige israelische Araber. 82 Prozent von ihnen geben zwar an, dass sie lieber in diesem Land als in jedem anderen leben, aber nur 24 Prozent haben „patriotische Gefühle" für Israel entwickelt.

Diese Beziehungslosigkeit spiegelt sich in der niedrigen Beteiligung bei Parlamentswahlen wider. Sie liegt deutlich unter der Quote der jüdischen Israelis. So werden die 20 Prozent der israelisch-arabischen Bevölkerung von nur acht bis maximal zehn Abgeordneten in der Knesset mit ihren 120 Sitzen vertreten. Die Wahlverweigerung ist Ausdruck einer Frustration, die über die Jahre hinweg gewachsen ist, und des Bewusstseins, dass Israel nicht ihr Staat ist. Die ältere Generation unter den Arabern nimmt den Staat als unveränderlich hin. Man versucht, ein Maximum an sozialen Leistungen zu bekommen. Die jüngere Generation hingegen zeigt Tendenzen zu einer immer stärkeren Islamisierung, deren Ziel die Zerstörung Israels und die Schaffung eines islamischen Staates ist.

1. Mai 1948: Aus ihrem Dorf in Palästina vertriebene arabische Frauen und Kinder auf dem Weg in eine ungewisse Zukunft.

Tatsächlich ist es schwer, sich als Muslim oder als arabischer Christ mit einem Staat zu identifizieren, dessen Feiertage und Kalender jüdisch sind, dessen Flagge einem religiösen Symbol, dem Gebetsschal der Juden, nachempfunden ist und dessen Nationalhymne ausschließlich die jüdische Identität hochhält, wenn es im Text heißt: „Solange noch im Herzen drinnen eine jüdische Seele wohnt und nach Osten hin, vorwärts, ein Auge nach Zion blickt. Solange ist unsere Hoffnung nicht verloren, die uns zweitausend Jahre verband: zu sein ein freies Volk, in unserem Land, im Lande Zion und in Jerusalem."

Zur weltanschaulichen Distanz kommt bei den Arabern die Diskriminierung im Alltag. Obwohl sie einen israelischen Re-Reisepass besitzen und die meisten perfekt Hebräisch sprechen, kommt es vor, dass sie auf dem Flughafen strenger kontrolliert werden als ihre jüdischen Mitbürger. Ein arabischer Sanitäter in einem jüdischen Krankenwagen erzählte mir einmal, dass ein auf der Straße liegendes Unfallopfer zu ihm sagte: „Ich bin froh, dass Sie Jude sind. Von einem Araber würde ich mir nie helfen lassen."

Die Araber Israels fühlen sich als Bürger zweiter Klasse. In den „gemischten" Städten wie Jerusalem (30 Prozent Araber), Jaffa, Akko und Lod (je 20 Prozent) ist es so, dass die Gruppen zwar zusammenleben, aber dennoch unter sich bleiben. Einzig in Haifa (15 Prozent Araber), so bestätigen beide Seiten, sei es anders. Dort wehrte sich ein sozialistischer Bürgermeister erfolgreich gegen die auf nationaler Ebene erfolgte Polarisierung der Gesellschaft. In der Industriestadt gibt es in allen öffentlichen Bereichen Kooperationsprojekte. Eines, das aufgrund einer privaten Initiative bereits vor vier Generationen entstand, ist das am Strand südlich von Haifa gelegene

> „Ich bin Israeli und Araber, Palästinenser und Christ."
>
> **Elias Chacour**
> Emeritierter griechisch-katholischer Bischof von Galiläa

„Maxim". Das Restaurant, das sich im Besitz einer jüdischen und einer arabisch-christlichen Familie befindet, wurde im Oktober 2003 während der zweiten Intifada Ziel eines Anschlags. Eine arabische Juristin suchte das Lokal mit einem Taxifahrer auf, lud den Mann zum Essen ein, schickte ihn dann weg und zündete eine Bombe. 19 Tote, darunter fünf Kinder, und mehr als 50 Verletzte waren die traurige Bilanz. Das Motiv: Die Frau wollte ein Zeichen gegen die Kooperation von Arabern und Juden setzen.

Wer ist **Flüchtling?**

Ursprünglich 730.000 betrug die Zahl der als Flüchtlinge registrierten Palästinenser. Heute liegt sie bei über 5,6 Millionen. Und sie wächst täglich. Der Grund dafür liegt darin, dass die UNO nicht nur alle Araber, die durch die Gründung Israels 1958 ihren Wohnsitz verloren, sondern auch deren männliche Nachkommen als Flüchtlinge anerkannt hat und über ihr Hilfswerk für palästinensische Flüchtlinge (UNWRA) betreut.

E s ist vielfach belegt, dass jene, die zwischen den politischen Gruppierungen oder den Religionen Brücken schlagen wollen, es in diesem Land sehr schwer haben. Sie werden als „Verräter" beschimpft, angespuckt, mit dem Tod bedroht oder tatsächlich ermordet.

In allen anderen Städten des Landes hätte man das schwer beschädigte Lokal vermutlich geschlossen. Nicht so in Haifa. Das „Maxim" wurde als „politisches Zeichen, dass wir uns nicht unterkriegen lassen", wiedereröffnet.

Die arabischen Israelis oder „die Araber von 1948", wie sie auch genannt werden, sind die Überlebenden und deren Nachkommen, die 1948 nicht aus jenen Gebieten geflohen sind, die zum Staat Israel wurden. Das waren etwa 160.000 Personen. Rund 700.000 zogen es vor, sich in

Die Identifikation mit einem Staat, der dezidiert jüdisch ist, fällt vielen Muslimen naturgemäß schwer.

Lifta war einst das wichtigste arabische Dorf im Umland Jerusalems. Während der Kämpfe des Jahres 1948 wurden seine Bewohner vertrieben.

Jordanien, im Gazastreifen oder in der Westbank in Sicherheit zu bringen. Vor allem suchte die Mittel- und die Oberschicht, zu der auch die religiösen Führer gehörten, das Weite. Jene, die zurückblieben, waren oft ungebildet und führungslos. Sie hatten auch keine gesellschaftlichen Institutionen, an die sie sich hätten wenden können. In dem neuen Staat fanden sie sich als unorganisierte Minderheit wieder, während die Juden die Mehrheit stellten – eine für beide Seiten ungewohnte Situation. Bis heute diskutieren israelische Historiker heftig darüber, wie viele der 700.000 Araber tatsächlich geflüchtet sind und wie viele systematisch vertrieben wurden. Unbestritten ist, dass ebenso viele Juden aus arabischen Ländern vertrieben wurden, die sich dann in Israel ansiedelten. Die 48er-Araber suchen noch immer nach ihrer Identität. Diese ist bis heute unklar. So sehen sich 43 Prozent der Muslime als „palästinensische Araber", aber nur 24 Prozent der Christen wollen sich so ansprechen lassen. 26 Prozent der Christen bezeichnen sich als „christliche Israelis" und 23 Prozent als „arabische Israelis".

Um zwischen den einzelnen politischen und ethnischen Gruppierungen in Israel-Palästina unterscheiden zu können, hat sich in den deutschsprachigen Medien folgende Sprachregelung eingebürgert: Als Palästinenser werden Araber in der Westbank (im Westjordanland) und im Gazastreifen bezeichnet. Die in Israel lebenden Araber fallen nicht unter diese Bezeichnung. Wenn sich diese selbst als Palästinenser bezeichnen, dann ist dies eine klare politische Stellungnahme in Richtung PLO oder Hamas. Auch Juden, die vor der Gründung des Staates Israel im Land geboren wurden, können sich zu Recht als Palästinenser bezeichnen, wurden sie doch in Palästina geboren. Man sieht: Im Nahen Osten bleibt bis auf Weiteres alles sehr kompliziert.

Der Anteil der Christen in Israel beträgt nur zwei Prozent, wobei die Christen auch keinen konfessionell geschlossenen Block bilden, sondern in mehrere Dutzend Kirchen und „Denominationen" aufgespalten sind. Zu den arabischen Christen, die die Mehrheit bilden, kommt eine wachsende Zahl von Gastarbeitern von den Philippinen.

Eine Gruppe, die sich aus politischen Gründen mit ihren arabischen Glaubensbrüdern schwertut, sind die christlichen Einwanderer aus dem ehemaligen Ostblock. Oft sind sie Angehörige aus Mischehen mit Juden. Sie fühlen sich den hebräisch sprechenden Kirchen zugehörig. Die Christen stellen eine extreme Minderheit innerhalb der arabischen Minderheit des Staates Israel dar. Das reduziert ihren gesellschaftlichen Einfluss. Nur in zwei Bereichen sind sie dennoch das „Salz der Erde": im Sozial- und im Bildungsbereich.

Dieser Text ist ein Auszug aus dem Buch „ISRAEL" von **Wolfgang Sotill**

„Wer in diesem Land Brücken schlagen will, hat es schwer. Er wird als Verräter beschimpft und mit dem Tod bedroht.

Wer ist ein Jude?

Die Frage ist ganz einfach zu beantworten: Das weiß niemand. Nicht einmal in Israel ist man sich darüber im Klaren. Das führt zu weitreichenden Problemen.

Die Antisemiten haben es sich schon immer leicht gemacht. So hat Wiens legendärer Bürgermeister Karl Lueger (1844–1910) gemeint: „Wer ein Jud ist, das bestimme ich!" Und andere Judenhasser haben geglaubt, Juden am Geruch oder an der Nase erkennen zu können. Alle schienen es zu wissen, nur die Juden selbst nicht.

Die bis in die 1960er-Jahre gültige Definition lautete: Jude ist, wer von einer jüdischen Mutter geboren oder vor einem orthodoxen Rabbiner zum Judentum übergetreten ist. Die Konversionen fallen dabei kaum ins Gewicht und machen weltweit nur rund ein Prozent aus.

In dem Umstand, dass die Mutter – und nicht wie in den meisten anderen Kulturen der Vater – für die religiöse Zugehörigkeit eines Kindes zuständig ist, zeigt sich die praktische Denkweise im Judentum. Denn „mater semper certa, pater semper incertus est", sagt der Lateiner: „Wer die Mutter eines Kindes ist, ist immer sicher. Wer der Vater ist, hingegen nicht."

Diese Definition nach der Mutter trägt aber auch noch die Komponente einer sozialen Verantwortung für die Frauen in sich. Wird eine Frau nach einer Vergewaltigung schwanger, wird sie häufig – und das nicht nur im Orient – aus der Gemeinschaft ausgestoßen und bleibt schutzlos zurück. Im Judentum dagegen verbleibt sie mit ihrem Kind im Schoß der Familie

Jüdische Siedler im arabischen Teil der Altstadt Jerusalems.

Orthodoxe Juden in der Altstadt von Jerusalems (oben). Jüdische Frauen in einem Straßenlokal (links). Äthiopische Jüdin beim Gebet (unten). Ein junger Orthodoxer auf dem Rad unterwegs in den engen Gassen der Altstadt (rechts).

und damit im Volk. Was ein Ausschluss aus Gesellschaften bedeutet, in denen die Familie und nicht ein säkularer Staat das soziale Netz bildet, kann man sich vorstellen.

Die Bedeutungslosigkeit des Mannes in dieser Frage kehrt sich in den letzten Jahrzehnten allerdings gegen das Judentum: Viele Juden in den USA, die nur eine geringe Bindung an ihre Herkunft und Religion haben, ehelichen Nichtjüdinnen, deren gemeinsame Kinder dann freilich keine Juden mehr sind. Das bedeutet für ein kleines Volk einen nicht unerheblichen Aderlass.

Nach dem Schock der Schoah war es dem 1948 gegründeten Staat Israel ein zentrales Anliegen, Juden aus der ganzen Welt die Einwanderung zu ermöglichen und ihnen die Staatsbürgerschaft zu geben. Israel brauchte die Zuwanderer auch vor dem Hintergrund der Auseinandersetzung mit den arabischen Nachbarn. Und die heimatlosen Menschen aus dem Nachkriegseuropa nahmen die Einladung gerne an. In dieser Situation hat man sich wenig um die Frage „Wer ist ein Jude?", die es zwischen den Begriffen Religionszugehörigkeit und Nationalität zu beantworten galt, gekümmert.

Es war ausgerechnet der 1922 in Polen geborene Jude Oswald Rufeisen, der den jungen Staat mit seiner Einwanderung im Jahre 1959 in Verlegenheit brachte. Rufeisen war nämlich mittlerweile Karmelitermönch geworden, was den Einwanderungsbeamten veranlasste, ihn nicht mehr als Juden, sondern als Christen einzustufen. Und als solcher fiel Rufeisen nicht mehr unter das „Gesetz der Rückkehr", das jedem Juden weltweit die Möglichkeit der Einwanderung gibt und damit automatisch die israelische Staatsbürgerschaft garantiert. Rufeisen widersprach dieser Sichtweise, denn als geborener Jude habe er das Recht auf Immigration. Zudem hatte er den moralischen Bonus auf seiner Seite, denn er, der perfekt Polnisch, Deutsch und Russisch sprach, wurde von den Nazis als Dolmetsch angestellt und konnte so 1942 mehr als 300 Glaubensgenossen im Ghetto von Mir (Weißrussland) das Leben retten. Rufeisen verklagte den Staat Israel, was das Land in eine tiefe Staatskrise stürzte. Am Ende verlor er zwar den Pro-

WOLFGANG ZAJC

Welt des Judentums

Aschkenasen, die größte Gruppe im Judentum, kommen aus Mittel-, Nord- und Osteuropa. Die Sepharden sind Nachkommen jener Juden, die bis zu ihrer Vertreibung 1492 auf der Iberischen Halbinsel lebten. Mizrachim oder „Gemeinden des Ostens" nennt man in Israel Juden, die aus der arabischen Welt stammen. Jemenitische Juden führen ihre Geschichte auf die Zeit des Alten Orients zurück. Sie wanderten im 20. Jahrhundert ein.

zess, aber er bekam die Staatsbürgerschaft dennoch verliehen. Und Israel ergänzte die ursprüngliche Definition, Jude sei, wer von einer jüdischen Mutter geboren ist, um den Zusatz: „und wer keiner anderen Religionsgemeinschaft angehört".

War Rufeisen, dessen aufregende Biografie von der russischen Literatin Ljudmila Ulitzkaja unter dem Titel „Daniel Stein" verfasst wurde, noch ein Einzelfall, so sollte die Frage in den Jahren nach dem Zusammenbruch der UdSSR noch viel virulenter werden. Denn damals wanderten rund 1,4 Millionen Russen in Israel ein, von denen rund eine Million Juden mit einer jüdischen Mutter waren. Etwa 350.000 Einwanderer hatten aber nur einen jüdischen Vater oder andere jüdische Vorfahren, was für die Einwanderung nach Israel zunächst ausreichte. Sie wurden, auch wenn sie keine Juden waren, Israelis, bekamen die Staatsbürgerschaft, zahlten Steuern und leisteten den Militärdienst ab. Sie waren Staatsbürger, denen nur eine Sache verwehrt blieb: zu heiraten. Das Standesregister liegt nämlich ausschließlich in den Händen der Rabbiner und diese können wiederum niemanden verheiraten, der nicht nach dem Religionsgesetz ein vollwertiger Jude ist. Und eine säkulare Eheschließung gibt es nicht. In Israel findet man aber aus jedem Schlamassel einen Ausweg: Man fährt nach Zypern oder auch nach Las Vegas, heiratet dort und lässt zu Hause seine Ehe anerkennen. Die nicht geklärte Frage „Wer ist ein Jude?" umfasst neben den privaten Dimensionen auch politische Aspekte: Wenn es ein demokratischer Staat nicht schafft, den einzelnen Bürger zu definieren, dann kann er auch nicht die Summe seiner Bürger umschreiben. Das hat dazu geführt, dass der Judenstaat auch im 68. Jahr seines Bestehens noch immer keine Verfassung hat, in der auch die Landesgrenzen definiert werden. Das wiederum lässt viele Araber die Flagge Israels, die neben dem Davidsstern oben und unten eine blaue Linie zeigt, befürchten: „Die beiden Streifen symbolisieren den Nil und den Euphrat. So weit hofft Israel sich ausbreiten zu können." Eine wahnwitzige Interpretation? Mitnichten. Hagi Ben-Artzi, Siedler in Bet El und Schwager des israelischen Premiers Bibi Netanjahu, sagte in einem Interview mit der Kleinen Zeitung: „Ja, ich glaube, dass die beiden Streifen die beiden großen Flüsse als Grenzen darstellen, auch wenn dies vorerst einmal nur eine Vision ist."

„Schwarze Hebräer", die behaupten, von den antiken Israeliten abzustammen, führen zu Pessach ein Schaf zur Opferung auf dem Tel Arad in der Negevwüste.

Die Geburt
der Zivilisation

Das Judentum im biblischen Israel hat als erste Religion Menschenopfer verboten.
Das war nur einer von mehreren Beiträgen zur Humanisierung der Welt.

MEIN GELOBTES LAND

Abraham streckte seine Hand aus und nahm das Messer, um seinen Sohn zu schlachten. Da rief ihm der Engel des Herrn vom Himmel her zu und sagte: „Abraham, streck deine Hand nicht gegen den Knaben aus und tu ihm nichts zuleide. Denn jetzt weiß ich, dass Du Gott fürchtest."

Fromme Juden, aber auch gläubige Christen und Muslime interpretieren diese Stelle aus dem Buch Genesis, die sich in der 4. Sure wiederfindet, stets als die absolute Hingabe eines religiösen Menschen an seine Gottheit. Mehr kann Abraham Gott nicht geben als sein eigen Fleisch und Blut. Der Opferwille des Abraham sei, so behaupten es Gläubige, umso höher zu bewerten, als Isaak sein einziger Sohn war, der ihm von Sara noch geboren wurde, als diese schon hochbetagt war und als unfruchtbar galt.

Es ist durchaus legitim, Abraham als Typus des gottvertrauenden Menschen zu sehen. Genauso legitim ist aber auch eine profangeschichtliche Interpretation dieser Bibelstelle, in der erstmals in der gesamten Menschheitsgeschichte vom Verbot eines Menschenopfers die Rede ist. Der deutsche Journalist und Autor Hannes Stein sagt sogar: „Hier ist der Moment festgehalten, in dem die menschliche Zivilisation begann."

Die Opferung von Menschen war in der Antike durchaus gebräuchlich und wurde bei den Griechen ebenso geübt wie bei den Mesopotamiern und in Nordafrika. Unweit der Stadt Karthago hat man vor wenigen Jahren etwa 20.000 Urnen mit den Überresten verbrannter Kinder aus der Zeit zwischen 400 und 200 v. Chr. gefunden. Sie alle waren einem Feuergott geopfert worden. Verbreitet waren Kindestötungen auch im alten Rom. Dort war es üblich, ein neugeborenes Kind dem Paterfamilias, dem Familienvorstand, zu Füßen zu legen. Hob er es auf, wurde es aufgezogen, ließ er das Kind liegen, dann wurde es getötet. Dies war die potestas vitae necisque, die Macht über Leben und Tod, ein grundlegendes Menschenrecht des freien römischen Bürgers. Kinder wurden geopfert, um die Götter gnädig zu stimmen, aber auch zur Geburtenkontrolle. Oder man tötete, um verkrüppelte Kinder, die man für nicht lebenswert hielt, nicht aufziehen zu müssen.

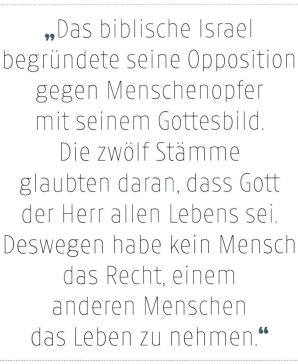

Ein muslimischer Bub aus dem Gazastreifen betet im Felsendom in Jerusalem zu Allah.

> „Das biblische Israel begründete seine Opposition gegen Menschenopfer mit seinem Gottesbild. Die zwölf Stämme glaubten daran, dass Gott der Herr allen Lebens sei. Deswegen habe kein Mensch das Recht, einem anderen Menschen das Leben zu nehmen."

Selbst die Gladiatorenspiele hatten ihren Ursprung im Menschenopfer. Erstmals sind solche für das Jahr 264 v. Chr. nachgewiesen, als der Konsul Decimus Junius Pera verstarb. Seine Söhne richteten ihm eine aufwendige Leichenfeier aus und ließen drei Gladiatorenpaare um Leben und Tod kämpfen Die Idee dahinter: Es sollte ein Menschenopfer für den Verstorbenen dargebracht werden. Von dem vergossenen Blut erhoffte man sich die Versöhnung mit den Totengeistern.

Diese „spectacula" waren beim Volk so beliebt, dass aufstrebende Politiker sie nutzten, um ihre Popularität bei den Massen zu erhöhen. So kam Caesar im Jahr 65 v. Chr. auf die Idee, für seinen 20 Jahre zuvor verstorbenen Vater, dem er zunächst nur eine schlichte Begräbnisfeier organisiert hatte, 320 Gladiatorenpaare auftreten zu lassen. Das Volk jubelte.

Das biblische Israel begründete seine Opposition gegen Menschenopfer mit seinem Gottesbild. Die zwölf Stämme glaubten daran, dass Gott der Herr alles Lebens sei. Deswegen habe kein Mensch das Recht, einem anderen Menschen das Leben zu nehmen. Diese Auffassung wurde vom Christentum übernommen und auch vom Islam, wobei der Großvater des Propheten Mohammed durchaus noch bereit war, einen seiner zehn Söhne zu opfern. In Rom musste Kaiser Konstantin im Jahre 318 n. Chr. schließlich drakonische Strafen androhen, um die seit Jahrhunderten geübte Praxis endgültig zu unterbinden.

Die Israeliten haben sich als Erste von den Menschenopfern abgewandt. Ganz verabschiedet haben sie sich von der Idee einer Opfergabe freilich nicht. Aber nicht der

ganze Mensch, sondern nur ein Teil wird „als Bundeszeichen" Gott dargebracht: die Vorhaut der männlichen Juden.
Und noch eine Erinnerung hat sich das biblische Israel an die Nichtopferung des Isaak bewahrt. Nämlich den Ort, an dem dies geschehen sein soll: es ist dies der Berg Moria in Jerusalem, auf dem später der erste und zweite jüdische Tempel errichtet worden waren. In den beiden Tempeln hat das Blut der Tieropfer nicht mehr zu strömen aufgehört – in Erinnerung und in Dankbarkeit, dass Gott Israel die Menschenopfer erlassen hat.
Traditionell wird dem biblischen Volk Israel auch die „Erfindung" des Eingottglaubens zugeschrieben. Das stimmt nicht ganz, denn im alten Ägypten des 14. vorchristlichen Jahrhunderts predigte der Pharao Echnaton bereits Ansätze des Monotheismus, indem er Aton zum alleinigen Gott erhob. Da er jedoch die Existenz anderer Götter nicht bestritt und auch deren Verehrung nur teilweise unterband, spricht man in diesem Fall nicht von einem strengen Monotheismus, wie man ihn bald danach im Judentum vorfindet. Einen solchen setzen Religionswissenschaftler bei den Israeliten in der Zeit um 1250 v. Chr., der Zeit Mose, an.

Die Hinwendung zu einem einzigen Gott und die damit verbundene Abkehr von anderen Gottheiten waren für das Volk Israel nicht leicht, wie die Erzählung vom Goldenen Kalb zeigt. Die Israeliten verehrten es, während Mose auf dem Berg Sinai die Zehn Gebote empfing. Noch 400 Jahre später musste der Prophet Elias – und nach ihm auch noch viele andere Propheten – gegen fremde Götter ankämpfen. Aber trotz aller Rückfälle der Israeliten – die Abkehr vom Polytheismus war eine religiöse Revolution.
Das Abendland übernahm erst 1500 Jahre nach Israel den Glauben an einen einzigen Gott. Dieser Behauptung liegt die Zeitrechnung zugrunde, nach der Moses um 1250 v. Chr. der erste Jahwe-Monotheist gewesen sei und Rom erst mit dem Toleranzedikt von Mailand im Jahr 313 n. Chr. den Eingottglauben akzeptiert habe.
Das biblische Israel hat aber auch sehr früh einen Beitrag zur Demokratisierung der Religion geleistet: Seit dem Bau des ersten Tempels in Jerusalem um das Jahr 960 bis ins sechste Jahrhundert v. Chr. war der König Israels als „königlicher Hohepriester" der oberste Repräsentant seines Volkes vor Gott. Er ging in den Tempel und betete für sich und sein Volk. Im Jahr 587 v. Chr., als die Judäer ins Babylonische

Römischer Kaiserkult

Anders als die Juden verehrten die Römer viele Götter. Ihre Kaiser (im Bild Augustus) umgaben sich über den Kaiserkult mit einer göttlichen Aura. Formal zu Göttern erhoben werden konnten die Caesaren aber erst nach ihrem Tod.

JIM HOLLANDER/EPA/PICTUREDESK

Exil verschleppt wurden und die Gottesverehrung im Tempel unmöglich wurde, änderte sich dies grundlegend. Durch die Zwangsdeportation konnten die Juden fortan ihrem Gott nicht mehr opfern, denn der Tempel stand in Jerusalem (Psalm 137). Jahwe war eine Lokalgottheit und seine Macht reichte nicht bis ins Zwischenstromland zu seinem exilierten Volk. Und die Idee eines universell gedachten Gottes entwickelte sich erst später.

Im Exil – im Gebiet des heutigen Irak – erlöste der Prophet Ezechiel sein Volk aus dieser verzweifelten Situation der Gottesferne. Er versammelte die Menschen zu Gebetsgottesdiensten und ersetzte damit die Tieropfer des Tempels durch Gebetsopfer und Gesänge. Damit schuf er eine Institution, die man fortan hebräisch als „Beit ha Knesset" oder griechisch als „Synagoge", als „Ort der Versammlung", bezeichnete.

Um einen Synagogengottesdienst feiern zu können, braucht es bis heute im Judentum nur zehn männliche Juden, aber keinen König, keinen Priester, nicht einmal einen Rabbiner. Damit wurde die einst an den König delegierte Gottesbeziehung auf das Individuum übertragen.

Wie revolutionär diese Entwicklung war, zeigt ein Blick auf das antike Rom. Es war Kaiser Augustus (63 v. bis 14 n. Chr.), der als Mittler zwischen den Göttern und seinen Untertanen für sich göttliche Verehrung beanspruchte. Zu diesem Zeitpunkt hatte Israel die Vorstellung eines „königlichen Hohepriestertums" bereits sechs Jahrhunderte lang abgelegt.

Diese Demokratisierung der Religion ist bis heute nicht in allen Glaubensgemeinschaften vollzogen. Eine dieser stark hierarchisch und auch autoritär geprägten Religionen ist jene der Drusen, die heute noch ein repräsentatives Religionsmodell pflegen, bei dem eine kleine Priesterkaste das Volk vor Gott vertritt. Der einzelne Druse kennt deswegen auch nicht den Inhalt seiner heiligen Bücher, er geht in kein Gebetshaus, wie dies die Gläubigen der Buchreligionen tun. Er delegiert bis heute alle Glaubensfragen an die „Eingeweihten".

Eine der großartigsten Regeln, die das Judentum, wenn schon nicht selbst aufgestellt, so zumindest überliefert hat, ist der Satz aus Ex 21, 23-25, der lautet: „Ist weiterer Schaden entstanden, dann musst du geben: Leben für Leben, Auge für Auge, Zahn für Zahn, Hand für Hand, Fuß für Fuß, Brandmal für Brandmal, Wunde für Wunde, Strieme für Strieme." Dieser

Orthodoxe Juden verrichten auf einem Hügel in der Nähe der im besetzten Westjordanland südlich von Bethlehem erbauten israelischen Siedlung Ma'ale Rehav'am ihr Gebet.

Vers, der immer wieder als eine Form der Rache fehlinterpretiert wird, ist ein Rechtsgrundsatz, der die im Alten Orient weit verbreitete Blutrache eindämmte, indem er eine Verhältnismäßigkeit von Vergehen und Strafe postulierte. Auch wurde mit dieser Bestimmung die Gleichheit von Armen und Reichen vor dem Gesetz festgeschrieben. „Aug' um Aug'" hat also absolut nichts mit Rachegedanken zu tun.

Dieses Gesetz wurde aber nicht im biblischen Israel entwickelt, sondern es geht auf den Codex des babylonischen Königs Hammurapi I. (1792 – 1750 v. Chr.) zurück, der formulierte: „Gesetzt, ein Mann hat das Auge eines Freigeborenen zerstört, so wird man sein Auge zerstören. Gesetzt, ein Mann hat einem anderen ihm gleichgestellten Manne einen Zahn ausgeschlagen, so wird man ihm einen Zahn ausschlagen." Die Israeliten haben diesen Gedanken übernommen und überliefert.

Viele Leistungen des Judentums sind von so hohem Wert, dass Christentum und Islam sie übernommen haben. Ein klassisches Beispiel ist das Gebot der Nächstenliebe im Markusevangelium (12,33) „Du sollst deinen Nächsten lieben wie dich selbst". Fragt man gläubige Christen, so schreibt eine überwältigende Mehrheit diese Aufforderung Jesus zu, um dessen Menschenfreundlichkeit zu belegen. Damit ist es auch schon ein christliches Gebot geworden und hat mit dem Judentum scheinbar nichts mehr zu tun, aus dem es ursprünglich stammt. Tatsächlich finden wir diesen Satz im Buch Levitikus 19,18.

Kein Papst hat die offensichtliche Beziehung von Judentum und Christentum so deutlich gemacht wie Johannes Paul II. am 13. April 1986 in seiner Rede in der Synagoge in Rom. Er betonte: „Die jüdische Religion ist für uns nicht etwas Äußerliches, sondern gehört in gewisser Weise zum Inneren unserer Religion. Zu ihr haben wir somit Beziehungen wie zu keiner anderen Religion."

Historischer Besuch 1999: Papst Johannes Paul II. legt eine Bitte um Vergebung für Jahrhunderte der Judenverfolgung in eine Ritze der Klagemauer in Jerusalem.

Das Kreuz:
Zeichen des Heils, Zeichen des Unheils

Juden wurden jahrhundertelang für den Kreuzestod Jesu verantwortlich gemacht. Christen rechtfertigten damit Pogrome und Ausgrenzung. Die Bitte um Vergebung kam spät.

Jesus ist tot. Was bleibt, ist die Frage: Wer trägt dafür die Verantwortung? Hans Kelsen, 1881 in Prag geborener Jude und maßgeblicher Architekt der österreichischen Verfassung, widmet sich in einer Publikation dem Prozess Jesu. Darin beschreibt er Pontius Pilatus, den Statthalter Roms, in dessen Händen es gelegen wäre, Jesus freizulassen, als jemanden, der nicht „die Zivilcourage hatte, die gefordert war" und „nicht die Amtscourage, nach bestem Wissen und Gewissen zu handeln". Pilatus sei ein Funktionär gewesen, der wie die meisten Funktionäre einfach seine Ruhe haben wollte.

Kelsens Sicht ist die eines Juristen im zwanzigsten Jahrhundert. Die großen Kirchen hingegen haben schon sehr früh das jüdische Volk für den Tod Jesu allein verantwortlich gemacht. Diese Tendenz ist bereits in den Schriften des Neuen Testaments zu erkennen. So wird im Johannesevangelium deutlich, dass der Autor des Texts den Römer Pontius Pilatus entlasten und den wenigen im Palast des Herodes anwesenden Juden, die gerufen haben, „Kreuzige ihn!", die alleinige Schuld am Tod Jesu anlasten will. Es ist offenkundig: Die Christen wollten das geradezu allmächtige Rom, von dem sie sich eine Duldung ihres Glaubens erwarteten, nicht vergrämen. Das hat die frühe Kirche freilich nicht daran gehindert, selbst massiv gegen das Judentum vorzugehen. So heißt es in der ersten uns schriftlich überlieferten Gemeindepredigt des Melito von Sardes, gehalten zu Ostern des Jahres 170, wörtlich: „Hört es, alle Geschlechter der Völker: Ein ungeheurer Mord geschah inmitten Jerusalems. Gott ist getötet worden. Der König Israels ist beseitigt worden von Israels Hand." Dieser Vorwurf, der erst vom Zweiten Vatikanischen Konzil (1962–1965) aufgehoben wurde, war für die vielen Judenmorde durch die Jahrhunderte verantwortlich.

> „Ein ungeheurer Mord geschah inmitten Jerusalems. Der König Israels ist beseitigt worden von Israels Hand."
>
> **Melito von Sardes**
> Aus der Osterpredigt von 170

Mit der Theologie, die davon ausgeht, dass Jesus für alle Menschen gestorben ist, ist auch die Universalisierung der Schuld der Juden verbunden. Nicht nur jene Juden, die unter der Führung des Hohepriesters Josef bar Kajaphas im Jahr 28 in Jerusalem gerufen hatten „Ans Kreuz mit ihm!" seien für den Tod Jesu verantwortlich, sondern alle Juden aller Zeit hätten Anteil am Tod Jesu. Zur Untermauerung dieser Anschauung erfanden die Kirchen im Mittelalter die Legende vom Hostienfrevel. Erzählt wurde konkret um das Jahr 1305 in Korneuburg, dass sich Juden geweihter Hostien bemächtigten und diese mit Nadeln und Messern so lange ritzen würden, bis das Blut Jesu daraus hervorquelle. Damit sei bewiesen, dass die Juden Jesus immer noch töteten.

In Rinn, einem Nordtiroler Bergdorf, wurde hingegen 350 Jahre lang die Legende des Anderle von Rinn gepflogen, nach der durchziehende Juden den dreijährigen Christenbuben getötet haben sollen. Sein Blut sollen sie verwendet haben, um ihre koscheren Mazzen für Pessach zu backen. Erst Diözesanbischof Reinhold Stecher unternahm es 1985 gegen den heftigen Widerstand konservativer Kirchenkreise, die angeblichen Reliquien aus der Kirche zu entfernen und die Wallfahrt zum „Anderle" zu unterbinden. Der Ritualmord an dem 1755 von Papst Benedikt XIV. seliggesprochenen Buben entbehrt jeglichen historischen Hintergrunds. Im Glauben des Volkes war sie aber fest verankert.

Wer tötet, muss bestraft werden. Daher ist es nicht weiter verwunderlich, dass den Juden auch in den Gesetzesbüchern eine Sonderstellung zukommt. So heißt es im Codex Theodosianus um das Jahr 427, dass „jede Heirat zwischen einem Christ und einem Juden dem Ehebruch gleichzustellen" sei. Im „Gesetz zum Schutz des deutschen Blutes und der deutschen Ehre" von 1935 lautet der Paragraf 1: „Eheschließungen zwischen Juden und Angehörigen deutschen oder artverwandten Blutes sind verboten."

Gesellschaften, die einen abgrundtiefen Hass auf andere Kulturen entwickeln, belassen es nicht bei legistischen Einschränkungen – sie werden auch aktiv. So brennt bald nach dem Predigtzyklus „Gegen die Juden" des heiligen Johannes Chrysostomus im Jahre 386 in Kallinikon am Euphrat die erste Synagoge. Als Kaiser Theodosius verlangt, die Brandleger zu bestrafen und die Schäden zu reparieren, behauptet der heilige Ambrosius, der große Lehrer des heiligen Augustinus: „Ich erkläre, dass ich die Synagoge in Brand gesteckt, ja, den Auftrag dazu gegeben habe, damit kein Ort mehr sei, wo Christus geleugnet wird." Er zwang damit den Kaiser, seinen Befehl zurückzuziehen. Tatsächlich gingen die Täter straffrei aus. Weitere Synagogen brennen wenige Jahre später in Edessa, in Menorca und Antiochien.

Auch diesen offensichtlichen Rechtsbruch konnten die Kirchen biblisch begründen, und zwar mit dem „Blutruf" aus dem Matthäusevangelium (27, 25), der lautet: „Sein Blut komme über uns und unsere Kinder!" Dieser Vers wurde immer wieder als Beleg dafür gesehen, dass die Christen die Juden verfolgen könnten und diese daran auch noch selbst schuld seien. Und dass sie auch für die an ihrem Eigentum entstandenen Schäden selbst zu bezahlen hätten. Dies war bereits in Kallinikon der Fall, und so hielten es auch die Nazis nach dem Novemberpogrom 1938, wenn sie per Gesetz vom 12. 11. 1938 die Juden verpflichteten, die „durch die Empörung des Volkes" entstandenen Schäden zu beseitigen und dafür auch noch rund eine Milliarde Reichsmark zu bezahlen.

Eine zynische Härte gegenüber Juden, die er selbst als „scharfe Barmherzigkeit" bezeichnete, forderte schon Martin Luther in mehreren Schriften ein. Er rief dazu auf, Synagogen niederzubrennen, jüdische Wohnhäuser zu zerstören und die Bewohner in Ställen wohnen zu lassen, ihnen ihre Gebetsbücher wegzunehmen, den Rabbinern die Lehre bei Todesstrafe zu verbieten, den Händlern das Wegerecht zu entziehen, den Geldleihern ihr Bargeld zu nehmen und den jungen, kräftigen Juden Werkzeuge zur körperlichen Arbeit zu geben.

Der österreichische Historiker Friedrich Heer (1916 – 1983) konnte in seinem Werk „Gottes erste Liebe" also zu Recht behaupten: „Die Munition lag seit Jahrhunderten für den Kampf Hitlers gegen die Juden bereit."

> „Ich erkläre, dass ich die Synagoge in Brand gesteckt habe..., damit kein Ort mehr sei, wo Christus geleugnet wird."
> **Der heilige Ambrosius**
> an Kaiser Theodosius 386

Was ist Judenhass?

Das Wort Antisemitismus entstand erst im 19. Jahrhundert als Bezeichnung für Judenfeindlichkeit. Diese aber reicht mindestens 2500 Jahre bis in die Antike zurück. Neben dem religiösen Antijudaismus der Christen, der auf die Kirchenväter zurückgeht, kennt die Forschung den neuzeitlichen Antisemitismus, der im Rassenantisemitismus der Nationalsozialisten und im Holocaust kulminierte. Als „sekundären Antisemitismus" bezeichnet man den Versuch der Täter-Opfer-Umkehr nach dem Holocaust. Auch der Antizionismus, wird, sofern er das Existenzrecht Israels bestreitet, als Antisemitismus bezeichnet.

„Die Munition lag seit Jahrhunderten für den Kampf Hitlers gegen die Juden bereit.

Friedrich Heer
„Gottes erste Liebe"

„Der Judenhass nimmt überall in der Welt zu"

Er ist einer der bedeutendsten Historiker des Holocaust. Hier spricht Yehuda Bauer über die jahrtausendealten Wurzeln des Judenhasses, den Mythos von der Auserwähltheit und das Trauma von Auschwitz.

Yehuda
Bauer
Geboren 1926 in Prag, emigrierte Bauer 1939 mit seiner Familie nach Palästina. Eine Großmutter blieb und wurde von den Nazis ermordet. Nach der Schule studierte Bauer Geschichte in Wales und arbeitete in einem Kibbuz. Viele Jahre lehrte er an der Hebräischen Universität in Jerusalem. Von 1996 bis 2000 leitete Bauer das International Centre for Holocaust Studies in Yad Vashem.

Das Judentum hat in seiner 4000-jährigen Geschichte mehrere Katastrophen überlebt: das babylonische Exil im sechsten vorchristlichen Jahrhundert, die Zerstörung des Tempels im Jahr 70 n. Chr. und schließlich die Ermordung von zumindest sechs Millionen Menschen. Aus jeder Katastrophe ging Israel gestärkt hervor. Die Frage ist: Was ist das für ein Volk?

YEHUDA BAUER: Wenn eine Zivilisation auf einer Entwicklung beruht, die nicht linear, sondern voller Widersprüche verläuft, ist dies möglich. Tatsächlich leben Juden seit dem babylonischen Exil weiterhin in der alten Heimat und zugleich im Exil – da haben Sie diese Widersprüche.

Diese bewegte Geschichte könnte vermuten lassen: Die Juden sind ein „auserwähltes Volk". Sind sie das wirklich?

Natürlich nicht. Das ist eine dumme Erfindung. Schauen Sie genau, dann werden Sie entdecken: Die Auserwähltheit gibt es bei verschiedenen Völkern. Etwa bei den Polen, die sich als „Christus der Völker" sehen, der für andere leidet. Und die Engländer sind sowieso davon überzeugt, die Auserwählten dieser Welt zu sein.

Was sind die Juden? Ein Volk, eine Religion, eine Schicksalsgemeinschaft?

Es ist mehr als nur eine Schicksalsgemeinschaft, es ist ein Volk, eine Ethnie. Ein Volk, das eine Religion hat, die auch widersprüchlich ist, denn es gibt viele Arten des religiösen Judentums. Zudem waren nicht immer alle Juden religiös.

Was hat dann ein Jude aus Nowosibirsk mit einem aus Buenos Aires und einem deutschen „Jecken" gemeinsam?

Das hat sich Stalin in seinem berühmten Artikel über die Nationalität auch gefragt. Die Antwort ist einfach. Nämlich, dass sich in einem zerstreuten Volk Unterschiede entwickeln. Aber es gibt gewisse Gemeinsamkeiten: Die Kultur, aus der sie alle stammen. Diese Kultur hat sich trotz und wegen der Widersprüche entwickelt. Ich habe immer gesagt: Wer das Judentum vernichten will, wird versuchen, es zu vereinen. So würde die Weiterentwicklung der Kultur gestoppt werden. Schauen Sie, wir sind ein sehr kleines Volk.

Diese Widersprüchlichkeit findet sich auch in den religiösen Schriften der Juden. Sie haben keinen Dogmatismus, sondern auf eine einzige Frage zahlreiche Antworten. Wozu?

Auch diese Widersprüchlichkeit haben die Juden geschaffen, damit man gleich eine alternative Antwort parat hat, wenn sich die Realität ändert.

Sind Juden intelligenter als Nichtjuden?

(Lacht laut auf): Nein, das sind sie nicht. Da sie in den jeweiligen Gesellschaften aber eine Mittelstandsposition hatten, war ein Streben zu einer intellektuellen Entwicklung da. So gab es bei den Juden nie einen Analphabetismus. Auch bei den Frauen nicht, denn auch sie mussten zum Beten lesen können.

Seit wann kannte das Judentum die Schulpflicht?

Eine solche gab es nicht. Lesen und schreiben zu lernen, war Tradition, war ganz natürlich. Bei den Christen brauchte man das nicht. Der Priester las vor und man gab vorformulierte Kurzantworten. Wir sind ein Volk der Texte – ohne diese Texte existiert das Judentum einfach nicht. Diese Texte sind auch widersprüchlich. Es ist für Außenstehende oft schwer begreiflich: Aber einer der ganz großen Talmud-Gelehrten war Atheist.

Die Kinder der Christen mussten also auf dem Bauernhof arbeiten, während jene der Juden in den Cheder (Vorschule) kamen?

Dieser Bildungsvorsprung hat den Neid der Christen geweckt, die viel länger gebraucht haben, um sich an die Moderne anzupassen. Selbst die christlichen Herrscher in Mitteleuropa brauchten keine großen Gelehrten zu sein. Ein Handwerker hingegen musste schon ganz gut wissen, was er tut. Er musste einkaufen, produzieren, verkaufen. Dazu brauchte man eine Entwicklung des Wissens. Die Intelligenz von Juden und Nichtjuden ist, wenn man die Forschungsergebnisse betrachtet, ungefähr dieselbe. Aber das Wissen hat sich unterschiedlich entwickelt.

Ist Neid der Ursprung des Judenhasses?

Das ist einer der Gründe dafür, wobei sich der Judenhass schon vor dem Christentum entwickelt hat. Der Grund: Die Juden haben andere Begriffe als ihre Umwelt entwickelt. Aus deren Verständnis heraus war es unmöglich, einen König als Gott anzubeten, wie dies die alten Römer gemacht haben. Zurzeit haben wir überall in der Welt – außer in den polytheistischen Staaten China, Indien, Japan – eine sehr problematische Zunahme des Judenhasses. Auf der anderen Seite haben wir mit der katholischen Kirche heute eine Verbündete, die wir vor 60 Jahren noch nicht hatten. Heute sind es aktive Katholiken, die gegen den Judenhass auftreten. Hätte

SS-Männer selektieren auf der Zugrampe des Konzentrationslagers Auschwitz-Birkenau aus Ungarn deportierte Juden.

Jüdische Jugendliche aus aller Welt beschriften auf den Zuggleisen von Auschwitz-Birkenau Gedenktafeln, die an die im größten nationalistischen Vernichtungslager ermordeten Juden erinnern.

APA/AFP/ AFP PHOTO / JANEK SKARZYNSKI

man das vor 100 Jahren prophezeit, man wäre damals direkt in eine Heilanstalt geschickt worden.

Warum ist das so?
Weil sich durch die Schoah der Katholizismus geändert hat. Vor allem gilt es, die Päpste Johannes XXIII. und Johannes Paul II. zu nennen. Auch bei den Protestanten hat sich teilweise eine Trendumkehr gezeigt.

War die Schoah einmalig? Oder ist sie mit den Massakern der Roten Khmer in Kambodscha oder den Massakern in Ruanda zu vergleichen?
Ich habe schon sehr oft gegen das Argument der Einzigartigkeit Stellung bezogen. In diesem Punkt stehe ich in klarem Gegensatz zu den vielen großen Historikern. Die Einzigartigkeit stimmt einfach nicht. Wenn die Schoah einzigartig gewesen wäre, dann könnte man sie als schrecklich einstufen und dann vergessen. Aber sie könnte sich nie mehr wie-

derholen, weil sie ja einmalig war. Einmaligkeit wäre also eine Form, die Schoah zu vergessen – sie ist aber die extreme Form einer allgemeinen Krankheit, die da ist: die Vernichtung von Menschengruppen durch andere Menschengruppen. Und genau das geschieht seit Beginn der Menschheit. Die Gründe dafür sind meist wirtschaftliche oder ideologische.

Was hebt die Schoah von anderen Genoziden ab? Gibt es Alleinstellungsmerkmale, die man nur bei ihr findet?
Die antipragmatische Form der Schoah! In allen anderen Genoziden war die Ursache immer pragmatisch: Man wollte Land oder auch die Herrschaft über andere Menschen. Bei der Schoah gibt es aber keine pragmatischen Gründe. Ich gehe so weit zu sagen: Wenn die Nazis keine Antisemiten gewesen wären, dann wären die österreichischen und deutschen Juden Nazis gewesen. Denn sie waren doch patriotische Österreicher und Deutsche. Pragmatisch war die Judenvernichtung nicht, denn die NS-Führung hätte mit einem Sinn für Pragmatismus die Wiener Juden doch nutzen können, ohne sie zu ermorden.

Eine in Österreich häufig gestellte Frage lautet: Wann werden die Juden endlich aufhören, von der Schoah zu reden?
Niemals. Ein gesellschaftliches Trauma kann man nämlich nicht vernichten. Man kann es überwinden, aber es bleibt immer noch da. Das kann man auch bei anderen Völkern nachweisen, die ähnliche Traumata erleben mussten: die Tutsi, die Roma, die Armenier. Von den Juden wurde ein Drittel des Volkes ermordet – das ist doch Grund genug, dass sich das Trauma über viele Generationen weiterentwickelt. Im Christentum wird heute noch – und sehr aktiv – über das Trauma eines Menschen berichtet. Soll man sagen, dass dieses Trauma verschwinden soll? Solange das Christentum existiert, wird es bleiben. Und bei der Schoah ist es genau dasselbe.

Die Stadt,
die nie schläft

Tel Aviv wurde vor über 100 Jahren am Meer gegründet. Man trifft dort auf ein Israel ohne eine Überdosis Gott und ohne Politik – dafür aber mit umso mehr Lebensfreude.

Weiße **Stadt**

„Die Weiße Stadt" nennt man jene Teile Tel Avivs, die ab den Deißigerjahren von Architekten gebaut worden sind, die am Bauhaus in Dessau ausgebildet worden waren. Auf der Flucht vor Verfolgung und Ermordung im NS-Staat entwickelten sie hier einen Baustil, der an das heiße Klima der Stadt angepasst war. Seit 2009 stehen etwa 1000 der noch erhaltenen Gebäude unter Denkmalschutz.

Guy Feldmann hatte schon lange genug von der ewig wiederkehrenden Reduktion seiner Heimat auf zwei Themen: auf den Konflikt mit den Palästinensern und den Holocaust.
Und er wusste: Dass Israel das Land mit der höchsten Computerdichte weltweit ist, jenes mit der größten Anzahl an Museen pro Kopf, auch jenes mit der höchsten Geburtenrate im Westen und den zweithöchsten Buchneuerscheinungen, beeindruckt wenig. Israel bleibt bei den Österreichern weiterhin, was sie glaubten, dass es ist: Nahostkonflikt und Holocaust.
Wer nicht hören will, muss fühlen. Diesen Satz kennt auch Guy Feldmann, einst stellvertretender Missionschef der israelischen Botschaft in Wien. Deshalb ließ er die argumentativ oft nur schwer zugänglichen Österreicher am Wiener Donaukanal „wos gspürn". Nämlich die Stimmung jener Stadt, die vor über 100 Jahren gegründet wurde. Feldmann legte mitten in Wien einen „Tel Aviv Beach" an. Ein Stück Strand mit hohem Chillfaktor, auf dem junges Kulturgut am Puls der Zeit ebenso geboten wird wie verschärfte Entertainment-Acts und kulinarische Genüsse. Mit einem Wort: Leichtlebigkeit abseits der belastenden Historie. Israel ohne Jerusalem, Hebron und Gaza – dafür aber mit viel Lebensfreude.
Tel Aviv ist tatsächlich die Stadt, die niemals ruht. Dort kann man selbst in der heiligen Schabbat-Nacht beim mitternächtlichen Wechsel von den Restaurants in Bars und Clubs einen Verkehrsstau erleben. Und wer die Stadt tagsüber erlebt, der spürt, wie viel positive Energie in kreative Kunst, aber auch in High-Tech-Forschung und Kommunikation fließt.
Tel Aviv, der „Hügel des Frühlings", ist immer sonnig und nicht selten auch überdreht. So war monatelang ein Lokal der Hit der Szene, in dem Teller aus feinstem Porzellan aufgetragen wurden, auf denen sich aber keine Speisen befanden. Der Wirt wollte damit die Nouvelle Cuisine karikieren. Dafür war der Gast bereit, sogar 50 Dollar zu zahlen.
Tel Aviv ist eine am Meer gelegene und damit offene Stadt, in der es vom Strand bis ins innerstädtische Wirtschaftszentrum nur wenige Gehminuten sind. Da kann es schon vorkommen, dass eine nur

Feierstimmung nach der Aufhebung des jüngsten Lockdowns in Tel Aviv (ganz links). Die rasant gewachsene Stadt am Mittelmeer im morgendlichen Dunst.

spärlich bekleidete Strandschöne neben Herren mit Laptop im selben Lokal ihren Kaffee schlürft. Das regt niemanden auf. Es spiegelt vielmehr die Lebenssituation wider, aus der die Stadt 1909 gegründet wurde. Man wollte der Enge Jaffas entfliehen und plante eine grüne Gartenstadt, in der europäische Werte wie Freiheit sowie Gleichheit hochgehalten werden und in der die Rabbiner hinter den Synagogenmauern bleiben sollten.

Tel Aviv, das gerne als „erste zionistische Stadtgründung der Neuzeit" bezeichnet wird, ist nur bedingt zionistisch. Denn es stand schon immer im Gegensatz zu den zur selben Zeit gegründeten ersten Kibbuzim. In diesen wurde das zionistische Ideal der landwirtschaftlichen Arbeit hochgehalten und an der Scholle geackert, in Tel Aviv hingegen verdiente man sein Geld mit Bildung und Handel.

Vor allem aber ist die Stadt eine Anti-These zu Jerusalem: Die den drei Buchreligionen heilige Stadt ist etwa 3000 Jahre alt, Tel Aviv gerade 100. Die eine repräsentiert mit dem Gott der Juden, dem der Christen und jenem der Muslime viel Heiligkeit und Historie. Die andere aber ist ein unbeschriebenes Blatt, weitgehend ohne religiöse Bezüge, dafür mit umso mehr hebräischem Selbstwertgefühl, das gegenwartsorientiert ist.

Die Stadt ohne Geschichte, deren 400.000 Einwohner aus 120 Ländern kommen, ist zudem jung und reich: Das Durchschnittsalter seiner Einwohner liegt bei 34 Jahren. Ihr Einkommen liegt deutlich über dem Landesschnitt. In ihr leben Tierschützer und Homosexuelle, Anarchisten und Literaten, Umweltaktivisten, Sympathisanten für die Palästinenser, Bohemiens und sogar ein paar ultraorthodoxe Juden, die viel besser nach Jeruslaem passen würden, weitgehend konfliktfrei nebeneinander. Der Anschlag auf ein Schwulenlokal und auch das tödliche Attentat auf den Premier Yitzhak Rabin im November 1995 zeigen: Auch diese Stadt steht nicht gänzlich außerhalb der israelischen Probleme. Nur vergisst man sie hier schneller als im übrigen Land.

Guy Feldmann hat es einige Wochen lang geschafft, die Unbeschwertheit Tel Avivs nach Wien zu bringen. Dann aber haben Sympathisanten der Palästinenser am gegenüberliegenden Ufer des Donaukanals einen „Gaza Beach" installiert. Ein Versuch, die Lebenslust zu beeinträchtigen. Das ist aber nicht gelungen. Denn vom israelischen Tel Aviv ist Gaza so unendlich weit entfernt, dass man es nur via Medien wahrnimmt. Und in Wien liegt der Gaza Beach auch weit weg: am anderen Ufer.

„Hier ist jedes Gebet ein
Ortsgespräch mit Gott":
Blick auf Jerusalem.

Der Mittelpunkt der Welt

Jerusalem hat ein Übermaß an Heiligkeit auf engstem Raum. Das macht die Stadt so einzigartig, zugleich aber auch so schwierig.

Es gibt Landkarten aus dem Mittelalter, die stellen die drei damals bekannten Kontinente dar: Europa, Afrika, Asien. In ihrem Zentrum befindet sich – gleichsam als der „Nabel der Welt" – Jerusalem. Diese historischen Karten sind freilich weniger geografisch, sondern vielmehr theologisch konzipiert. Aber eines stimmt heute nach wie vor: Jerusalem ist das spirituelle Zentrum der halben Menschheit geblieben. Für Juden, Christen und auch Muslime ist die heilige Stadt der Sehnsuchtsort schlechthin. Ein mit Wünschen, Gebeten und frommen Vorstellungen überfrachteter Ort, wie es vermutlich keinen zweiten auf dieser Welt gibt. Menschen pilgern dorthin, beladen mit Sorgen – sie erhoffen sich Linderung, vielleicht sogar Erlösung. Und wenn es schon nicht die eigenen Probleme sind, die sie Gott zu Füßen legen, so sind es oft jene von zu Hause Gebliebenen: „Bete am Heiligen Grab und auch noch auf Golgota für mich, damit ..."

Die Stadt, die religiösen Menschen der drei Buchreligionen so heilig ist, macht nur einen Quadratkilometer der heutigen 900.000-Einwohner-Stadt aus. Auf dieser kleinen Fläche der Altstadt, die wie ein Juwel von einer pittoresken Steinmauer aus dem 16. Jahrhundert eingefasst ist, finden sich die heiligen Orte der drei monotheistischen Religionen: die Westmauer (auch: Klagemauer), die Via Dolorosa mit der Grabeskirche, der goldene Felsendom mit der Al-Aqsa-Moschee.

Dazu kommen noch weitere Charakteristika: Jerusalem ist die einzige Stadt, die es auf Erden und im Himmel gibt, und sie ist, wenn man der jüdischen Tradition folgt, auch die schönste Stadt der Erde. Denn Gott hat, so heißt es, bei der Erschaffung der Welt zehn Eimer Schönheit ausgeschüttet. Neun hat er an Jerusalem verschwendet, mit dem zehnten Eimer musste sich der Rest der Welt begnügen. Bei so viel Gottesbezug ist es auch nicht verwunderlich, dass jedes Gebet ein Ortsgespräch mit Gott ist. Muslimische Gelehrte gingen in ihrem Bestreben, die Stadt besonders hervorzuheben, sogar so weit, dass sie verkündeten, ein Gebet sei hier mehrere 1000-mal mehr wert als an jedem anderen Ort der Erde.

Die Stadt, die einmal als schöne, sinnliche Frau bewundert, ein anderes Mal als verletzte Prinzessin bemitleidet wird, um dann als schamlose Hure und als Mörderin der Propheten verteufelt zu werden, hat es nicht leicht. Denn sie ist die Heimat eines Gottes, die Hauptstadt zweier Völker und der verehrte Ort dreier Religionen.

Vor etwa 4000 Jahren gegründet, ist Jerusalem ein Phänomen. Andere Siedlungen wurden entlang von Handelswegen oder an reichen Wasserquellen errichtet – Jerusalem aber hat das alles nicht. Es liegt auf einem Höhenrücken des judäischen

Berglands von etwa 800 Meter am Rande der Wüste, im Sommer kann es sehr heiß und im Winter unangenehm schneeigkalt sein. Die Stadt ist also weder wirtschaftlich noch klimatisch ein Wohlfühlort. Dennoch haben sich Kanaaniter (Jebusiter), Israeliten, Assyrer, Babylonier, Ägypter, Griechen, Römer, Byzantiner, Perser, Sarazenen, Seldschuken, Kreuzfahrer, Türken, Engländer, Araber und Israelis bemüht, die Stadt unter ihre Kontrolle zu bringen. Das hat dazu geführt, dass sie etwa 50-mal belagert, 36-mal erobert und zehnmal zerstört wurde. Es war vermutlich die Heiligkeit des Ortes, die die Begehrlichkeiten vieler Herrscher motiviert hat, die Stadt zu besitzen. Begonnen hat diese mit einem jebusitischen Höhenheiligtum, der Tenne des Arauna (2 Sam 24, 18-25), zur Zeit von König David vor ungefähr 3000 Jahren. Seitdem hat sich die der Stadt zugeschriebene Heiligkeit vervielfacht. So kommt es, dass so manch biblisches Geschehen mehrfach tradiert wird: der Tod Jesu in der Grabeskirche und im Gartengrab, die Entschlafung Mariens im Kidrontal und am Berg Zion. Und bei Emmaus nehmen gleich drei Orte in Anspruch, historisch zu sein. Das Heilige Land ist also keine leichte Adresse.

So viel Heiligkeit auf engstem Raum lässt viele säkulare Israelis wiederum spötteln: Würde man um die Stadt einen Zaun ziehen, dann hätte man eine „geschlossene Gesellschaft". Tatsächlich kann Jerusalem auch bei psychischen Erkrankungen mit einer weltweit einzigartigen Besonderheit aufwarten: mit einem Syndrom, das nach der Stadt benannt ist. Es sind etwa 100 Personen pro Jahr – Männer und Frauen, Juden und Christen –, die unter dem Eindruck der Heiligkeit der Stadt psychische Anormalitäten zeigen. Meist erfolgen diese in einem Dreischritt: Die betroffene Person – es sind fast ausschließlich Menschen, die die Stadt erstmals besuchen – sondert sich zunächst von ihrer Reisegruppe ab. Es folgt ein Reinigungsritual, nach dem sich die Betroffenen bervorzugt in Weiß kleiden. Im dritten Schritt identifizieren sie sich so stark mit einer biblischen Figur, dass sie tatsächlich glauben, diese habe von ihnen Besitz genommen. Und so laufen nicht nur zahlreiche Könige namens David herum, auch zahlreiche Messiasse namens „Jesus" und Marien hat die Stadt schon gesehen. Diese selbsternannten Heiligen haben freilich keine große Karriere vor sich, denn wenn sie entdeckt werden, verfrachtet sie die Polizei rasch in eine Klinik, wo sie eine Beruhigungsspritze verabreicht bekommen. Dann wird ihre jeweilige diplomatische Vertretung angerufen, und am nächsten Tag geht es zurück ins Heimatland. Dort ist der Mann aus Idaho, der tags zuvor noch singend und Gott lobend durch Jerusalem gezogen ist, wieder ganz normal ein John Smith oder Peter Fox.

Jerusalem ist eben eine Chiffre für Schönheit, für den wahren Glauben, freilich auch für den Aberglauben, für Reinheit und für alles Göttliche, aber auch für Bigotterie, Fundamentalismus und eben auch für seelisch-religiöse Ausrutscher.

Auch wenn die Altstadt mit den heiligen Orten klein ist, so könnte jede Religionsgemeinschaft ihre eigene Tradition pflegen – die Realität sieht aber anders aus: Jede Gruppe beharrt darauf, in dieser Stadt die eigenen Vorstellungen bestätigt sehen zu müssen. Viele Juden glauben, die Stadt sei ihnen allein versprochen, während die Christen – zumindest im Mittelalter – von der Idee besessen waren, die Stadt vom Islam befreien zu müssen. Die Kreuzzüge zeugen blutig davon. Zudem haben sie ihre europäische Frömmigkeit hierher exportiert. So sind viele Pilger enttäuscht, wenn sie erfahren müssen, dass die sechste Kreuzwegstation „Veronika reicht Jesus das

MEIN **GELOBTES LAND** 67

Eindrücke aus der umstrittenen Altstadt Jerusalems: Oben Tumult unter dem Haus, das der ehemalige Verteidigungs- und Premierminister Ariel Scharon mitten im arabischen Teil der Altstadt gekauft hatte. Links eine Szene vor dem Österreichischen Hospiz, dem beliebten Pilgerstützpunkt mitten in der Altstadt.

Schweißtuch" keine biblische Entsprechung hat, sondern erst aus den „acti Pilati" des frühen vierten Jahrhunderts stammt. Und die Muslime negieren völlig die lange jüdische Geschichte der Stadt und pochen darauf, dass sie es sind, die Al Quds – „die Heilige", „die Reine" – mit Ausnahme der Kreuzfahrerzeit seit beinahe 1400 Jahren unter ihrer Kontrolle haben.

Man kann die Geschichte der Stadt analysieren. Man kann sie den einzelnen Konfessionen zuordnen und deren Baugeschichte in der Stadt auflisten und man kann Reiseführer in Buchform studieren, um sie ein wenig besser zu verstehen. Dies alles wird dem Reisenden nicht helfen, sich die Stadt zu eröffnen. Sie wird ihm zumindest bei seinen ersten Besuchen ein Rätsel bleiben, ein Mysterium, ein Faszinosum. Wer das verstanden hat, der wird nicht nur Religions-, Polit- und Baugeschichte zu verstehen versuchen, sondern der wird sich am Morgen bei der aufgehenden Sonne auf eine der Aussichtsterrassen am Ölberg begeben und, noch ehe die Touristenströme kommen, der Stadt lauschen. Die Rufe der Muezzine, unterbrochen vom Glockengeläut, der rauschende Verkehr, das hektische Hupen ungeduldiger Autofahrer. Man muss Jerusalem spüren. Man muss die Widersprüchlichkeit der Stadt begreifen lernen, in der muslimische Geschäftsleute Ikonen und auch Dornenkronen verkaufen, in der es wunderbar nach Gewürzen und Weihrauch riecht, in der Kinder auf der Straße Fußball spielen und den Ball in jene Gruppe schießen, die gerade an der fünften Kreuzwegstation an den geschundenen Herrn denken, dem Simon von Cyrene nun hilft, das Kreuz zu tragen.

Wer Jerusalem besucht, der erkennt: Nichts macht eine Stätte heiliger als die Konkurrenz mit anderen Religionen. Bleibt nur die Frage, wie man dieses Konglomerat an sich ergänzender und auch widersprechender Heiligkeit bewertet. Ist Jerusalem, um mit dem britisch-amerikanischen Schriftsteller Aldous Huxley zu sprechen, ein „Schlachthaus der Religionen" oder ist Jerusalem eine „tragende Säule der Menschheitsgeschichte", wie der Historiker und Journalist Simon Sebag Montefiore meint.

Jerusalem
in aller Kürze

Die von drei Religionen und zwei Völkern beanspruchte Stadt hat heute knapp eine Million Einwohner, zählt man die Großregion dazu, 1,7 Millionen. Die ältesten Spuren der Besiedlung gehen auf die Kupferzeit zurück. Der Name Jerusalem wird erstmals im 19. Jh. v. Chr. erwähnt. Er bedeutete wahrscheinlich „Gründung des Schalim" und bezog sich auf die kanaanitische Gottheit der Abenddämmerung.

Die sogenannte „Ebstorfer Weltkarte" zeichnet kein realistisches Bild der Welt, sondern ein theologisches. Die Karte aus 30 Pergamentblättern sieht Jerusalem als Mittelpunkt der Welt.

Schnee fällt auf den nächtlich beleuchteten Felsendom in Jerusalem.

Nach Mekka und Medina auf dem dritten Platz

Auch wenn der Prophet Mohammed nie persönlich in Jerusalem war, findet man dort seine Spuren.

Wer einmal vor dem muslimischen Felsendom gestanden ist, und erst recht, wer dieses frühislamische Bauwerk von innen betrachtet hat, der weiß: Nicht nur Musik, sondern auch die vollkommene Harmonie eines Bauwerks kann Menschen körperlich berühren. Ehrfürchtiges Schaudern oder innere Erregung – alles ist angesichts des 691 eingeweihten Oktogonalbaus möglich, in dessen Mitte ein unbehauener Felsen liegt. Von hier aus soll der Prophet Mohammed für einen kurzen Augenblick in den Himmel entrückt worden sein, wie es in der Sure 17,1 zu lesen ist: „Preis sei dem, der seinen Diener bei Nacht von der heiligen Moschee (Mekka) zur fernsten Moschee (Jerusalem), die wir ringsum gesegnet haben, reisen ließ, damit wir ihm etwas von unseren Zeichen zeigen."

Auch wenn der Prophet Jerusalem nie betreten hat und der Koran-Vers eher als eine visionäre Schau der heiligen Stadt zu betrachten ist, gibt es auf dem Felsen, der vom prächtigen Felsendom mit seiner goldenen Kuppel umbaut ist, doch einen Abdruck des Pferdes Buraq, auf dem Mohammed geritten ist, und einen Handabdruck des Erzengels Gabriel, der ihn begleitet hat. Und gleichsam zum Beweis seiner tatsächlichen physischen Anwesenheit in der Stadt finden sich in einem Schrein ein paar Barthaare des Propheten. Ob körperlich oder nur literarisch anwesend – wichtig sind die Zeichen, die der Prophet gesetzt hat, wenn er vor seiner Himmelfahrt mit seinen „Vätern" Adam und Abraham und seinen „Brüdern" Moses, Josef und Jesus betete. Er zeigt damit, dass er in der großen Tradition der göttlichen Offenbarungsträger steht. Und er wiederholt in der Grundstruktur die Verklärung Jesu (Lk 9, 28-36), der am Berg Tabor Moses und Elias begegnet. Jesus belegt damit, dass er der legitime Erbe der alttestamentarischen Weissagungen ist. Er, Jesus, sei der Vollender des Gesetzes, das durch Mose vertreten war. Die Anwesenheit des Elias, dem im Judentum die Rolle des messianischen Verkünders zukommt, soll wiederum belegen: Jesus ist der, auf den Israel gewartet hat.

Der von den Muslimen seit der Eroberung Jerusalems im Jahre 638 verehrte Platz zeichnet sich dadurch aus, dass hier schon zuvor zahlreiche Mythen lokalisiert wurden. So soll Gott am sechsten Tag der Schöpfung von diesem Berg Morija jene Erde genommen haben, aus der er Adam gebildet hat. Auf diesem Stein, der heute vom Felsendom umbaut ist, soll Abraham bereit gewesen sein, seinen Sohn Isaak zu opfern, ehe Gott ihm Einhalt gebot. Hier sollen auch die vier Flüsse entspringen, die die Erde mit Wasser versorgen, und hier soll – wie mit Adam ein Anfang der Schöpfung gesetzt wurde – am Jüngsten Tag auch deren Ende eintreten, wie in der Sure 23, 102-104 zu lesen ist: „Diejenigen, deren Waagschalen schwer sind, das sind diejenigen, denen es wohl ergeht. Und diejenigen, deren Waagschalen leicht sind, das sind die, die sich selbst verloren haben; in der Hölle werden sie ewig weilen. Das Feuer schlägt auf ihre Gesichter, und sie fletschen die Zähne." Aufgehängt werden diese Waagschalen auf Bögen, die den Felsendom umgeben.

GETTYIMAGES/2016 ANADOLU AGENCY

Die weithin sichtbare goldene Kuppel des Felsendoms ist innen prachtvoll verziert.

Der Prophet **Mohammed**

Das Leben des Propheten Mohammed, der den Islam gestiftet hat, ist von vielen Legenden umwoben. Um 570 geboren, hatte er sein Berufungserlebnis mit 40 Jahren. Zum Wendepunkt wurde das Jahr 622, als er mit Anhängern von Mekka nach Medina übersiedelte, wo er eine neue Gemeinschaft gründete.

Jerusalem ist nach Mekka und Medina zur drittheiligsten Stadt des Islam aufgestiegen. Solange der Prophet Mohammed noch die Hoffnung hatte, die jüdischen und auch die christlichen Stämme für seine neue Religion begeistern zu können, richtete er sogar die erste Qibla, die Gebetsrichtung, nach Jerusalem aus. Da sich die Juden und die Christen der neuen Religion gegenüber reserviert zeigten, betete Mohammed fortan in Richtung Mekka. Dass Jerusalem im Koran namentlich nicht erwähnt wird, hat nichts mit der Missachtung der Stadt zu tun, sondern schon eher mit der theologischen Konzeption des Koran, in dessen Texten sich kaum Orts- oder Zeitbezüge finden. Die beinahe enthistorisierte Botschaft der 114 Suren zeigt, dass die heilige Schrift universal ausgerichtet ist. Er wendet sich nicht an eine genealogisch begründete Gemeinschaft, so wie die Thora an die Juden gerichtet ist, sondern der Koran will über alle Zeit- und Ortsgrenzen hinweg Menschen erreichen, die Allah gläubig verehren.

Eines ist den Theologen und Historikern heute klar: Der Islam wäre vermutlich einige Zeit die Religion einer sehr beschränkten Anzahl von Beduinen geblieben, hätte er nicht die Annäherung an das Judentum und das Christentum gesucht und zugleich auch die Distanzierung von ihnen. Und kein Ort auf der ganzen Welt eignete sich dafür im siebenten Jahrhundert besser als Jerusalem. Um diesen komplexen Prozess der Selbstfindung einer Religion zu erklären, ist ein Vergleich mit einem heranwachsenden Kind dienlich. Eltern versuchen, ihrem Sprössling als Kind ihre eigenen Werte anzuerziehen. Weil das Kind seine Eltern liebt und achtet, kopiert es deren Verhalten. Dann aber kommt die Pubertät und mit ihr ein gesundes Aufbegehren gegen die elterlichen Vorstellungen. Glücklich sind Vater und Mutter, wenn sie bemerken, dass ihre Tochter, ihr Sohn nach den „wilden Jahren" die ursprünglich anerzogenen Werte und Regeln doch wieder bejaht. Auch wenn die Kinder dies grundsätzlich tun, so finden sie doch ihre eigenen neuen Ausdrucksformen. So war es auch im Islam. Dieser bejaht die Grundstruktur der Sieben-Tage-Woche mit einem Ruhetag, aber er kopiert nicht den Schabbat, auch nicht den Sonntag, sondern er setzt sich mit dem Freitag als Feiertag vor die anderen beiden Religionen. Ähnliches lässt sich beim Gebetsruf beobachten. Die Juden riefen mit dem Schofarhorn ihre Gläubigen, die Christen mit der Glocke oder in der Ostkirche mit dem Schlagholz. Der Islam tut es mit der menschlichen Stimme und richtet so die Institution des Muezzins ein. Ebenso übernimmt er zum Teil die Speisevorschriften der Juden, wobei er auch diese neu interpretiert, und auch der Ramadan lässt Parallelen zur christlichen Fastenzeit erkennen. Andere christliche Glaubensinhalte, wie die der Dreifaltigkeit, lehnt er hingegen strikt ab.

An einem heiligen Ort, wie dies Jerusalem nun einmal ist, wollen manche Religionen exklusiv vertreten sein. Das wiederum bedeutet, dass sie die eigene Geschichte hervorheben und die anderer Religionen versuchen herabzuwürdigen oder zu negieren. Um diese gewagte These zu überprüfen, frage ich einen jener Aufseher auf dem Tempelplatz, der streng darüber wacht, dass kein Mann seine Frau berührt und dass auch niemand ein Kreuz zur Schau trägt oder aus der Bibel liest, was denn auf diesem Platz gestanden habe, ehe der Felsendom und wenige Jahrzehnte danach die große Al-Aqsa-Moschee errichtet worden sind. Zudem frage ich ihn, warum denn der Prophet, der tief in der saudi-arabischen Halbinsel beheimatet gewesen sei, denn überhaupt nach Jerusalem gekommen sei. Der Aufseher fasst sich kurz und erklärt, dass der Prophet hierhergekommen sei, weil dies „die kürzeste Verbindung zwischen Himmel und Erde" sei, und dass vor den islamischen Bauten es nichts „außer dem nackten Felsen gegeben habe". Dass hier der erste und der zweite jüdische Tempel gestanden sind – Letzterer wurde von den Römern im Jahre 70 n. Chr. zerstört –, will er nicht gelten lassen.

Noch weiter geht Mohammed Ahmed Hussein, Großmufti von Jerusalem, in einer Rede 2017. Er erklärte, dass an dem für die Muslime so heiligen Ort nie ein jüdischer Tempel existiert habe, weil dort „seit 300 Jahren – nein, seit Anbeginn der Zeiten!" – eine Moschee gestanden habe. Geschichtslügen gehören in Jerusalem leider zum Geschäft.

Der Großmufti von Jerusalem, Mohammed Ahmed Hussein.

Die Palmen des Paradieses

Um die Karwoche zu verstehen, muss man die Jahre Jesu in Galiläa betrachten. Ein Blick auf seine Zeit in Nazareth.

Man kann den kahlen Sichtbeton in der Unterkirche von Nazareth als überholte kirchliche Modernismusarchitektur der 1960er-Jahre abtun. Eines bewirkt er allerdings: die Konzentration der Pilger auf eine kleine Höhle, zu der man ein paar Stufen hinabsteigt. Diese Höhle, die den rückwärtigen Teil des Wohnhauses von Maria gebildet haben soll, darf man nicht betreten. Sie liegt hinter einem Gitter des Lienzer Kunstschlossers Hermann Pedit. Dieses gibt aber den Blick auf einen Altar frei, der in Erinnerung an den Besuch des Engels Gabriel bei Maria die Aufschrift trägt: „Verbum caro hic factum est" – „Und das Wort ist Fleisch geworden" (Joh 1,14).

Die ganze religiöse Inbrunst der Pilger konzentriert sich auf diesen Ort. Marienlieder werden gesungen, der „Engel des Herrn" wird gebetet, manchmal auch ein Rosenkranz. Die Pilger sind sich sicher, an dem authentischen Ort der Verkündigung zu stehen, von der im Lukasevangelium (1,26 ff) berichtet wird. Nur wenige Hundert Meter weiter pflegen Pilger aus Osteuropa in der orthodoxen Verkündigungskirche dieselbe Sicherheit.

Nach der Andacht steigen die Besucher auf der gegenüberliegenden Seite ebenso viele Stufen wieder in die Höhe. Religiös noch ganz erfüllt von der Heiligkeit des Ortes, übersehen die meisten von ihnen die stark stilisiert gemalten Palmen in einer Nische. Diese waren ursprünglich Zeichen der Verehrung Mariens in einer judenchristlichen Synagogenkirche aus dem dritten Jahrhundert. Die Judenchristen erinnerten mit dieser Malerei an das Paradies, meinten aber Maria, die sie nicht darstellen durften, denn es galt nach wie vor das alttestamentliche Bildverbot. Dort, wo die Mutter des Herrn ist, sei auch das Paradies, lautet die Botschaft der Palmen. Transportiert wird aber noch eine Idee: jene der Gegensätzlichkeit von Maria, der reinen Frau der Gnade, und Eva, der Frau der Sünde. Was hier nur zart angedeutet ist, wird vor allem in der mittelalterlichen Kirchenmalerei zu einem häufigen Motiv.

Warum aber überhaupt Maria? Von ihr ist aus dem Neuen Testament nur wenig bekannt. Der Evangelist Johannes erwähnt sie namentlich ebenso wenig wie Paulus. Insgesamt kommt sie als „Maria" in nur vier der 27 Schriften des Neuen Testaments vor, an zwanzig weiteren Stellen ist von der „Mutter des Herrn" oder der „Mutter Jesu" die Rede.

Die Frage ist: Wie kann eine Person, die im Heilsgeschehen Jesu beinahe eine Nebenrolle spielt, von den Judenchristen und später auch von den Heidenchristen so verehrt werden? Die Antwort liegt in der Bereitschaft Mariens begründet, die Anrufung Gottes uneingeschränkt anzunehmen. Auf die Ankündigung Gabriels, dass sie den „Sohn des Höchsten" empfangen werde, antwortet sie: „Siehe, ich bin die Magd des Herrn; mir geschehe, wie du es gesagt hast."

Die Judenchristen, die die Schriften des Ersten Testaments sehr genau kannten, konnten über diese Antwort nur staunen. Denn sie wussten von den großen und starken männlichen biblischen Gestalten, von denen einige abwehrend auf den Anruf Gottes reagierten. Als Gott Mose beruft, antwortet dieser: „Aber bitte, Herr, ich bin keiner, der gut reden kann." Jeremia versucht sich hinauszureden: „Ich bin ja noch so jung", und Jona besteigt überhaupt ein Schiff, um Gott zu entfliehen. Maria aber, die vermutlich auch erst 16 Jahre alt war und ihre eigenen Lebenspläne gehabt haben dürfte, lässt sich diese durchkreuzen und ergibt sich ohne Widerspruch dem göttlichen Willen. Das erhob sie in den Augen der Judenchristen über viele andere biblische Gestalten.

So viel steht fest: Maria ist eine Frau des Gottvertrauens. An diese Welt des Glaubens führte sie Jesus heran. Es gibt keinen Zweifel daran, dass er schon mit drei, vier Jahren die ersten hebräischen Worte lesen und mit acht Jahren Teile der Thora auswendig rezitieren konnte. Er hielt die jüdischen Speisegesetze und die Gebetszeiten ein, er besuchte am Schabbat die Synagoge und pilgerte gemeinsam mit seinen Eltern mehrfach in jungen Jahren nach Jerusalem, um im Tempel zu beten und zu opfern. Eine höhere theologische Ausbildung bei einem der großen Rabbiner erhielt er zwar nicht, aber dennoch bezeichnen ihn seine Jünger als „Rabbi". Das zeugt von Jesu Gelehrsamkeit, vor allem aber von seinem charismatischen Stil, mit dem er seine Zuhörer begeistert: „Und die Menschen waren voll Staunen über seine Lehre; denn er lehrte sie wie einer, der Vollmacht hat, nicht wie die Schriftgelehrten" (Mk 1,22).

Nazareth ist aber nicht allein Ort der Verkündigung, es ist auch der Ort der Auseinandersetzung. Das älteste der vier Evan-

Die Kuppel der Verkündigungskirche prägt das Stadtbild von Nazareth.

gelien, das von Markus, dessen Abfassung um das Jahr 70 angesetzt wird, berichtet schonungslos von einem Konflikt Jesu mit seiner Familie. Diese kommt nach Kapernaum, wo Jesus wirkt, um „sich seiner zu bemächtigen. Denn sie sagten: Er ist von Sinnen" (Mk 3,20). Wenn man versteht, wie intensiv familiäre Bindungen im Orient sind, begreift man die Härte, mit der er seine Herkunftsfamilie zurückweist: „Es saßen viele Leute um ihn herum und man sagte zu ihm: Siehe, deine Mutter und deine Brüder stehen draußen und suchen dich. Er erwiderte: Wer ist meine Mutter und wer sind meine Brüder? Und er blickte auf die Menschen, die im Kreis um ihn herumsaßen, und sagte: Das hier sind meine Mutter und meine Brüder. Wer den Willen Gottes tut, der ist für mich Bruder und Schwester und Mutter." In diesen Sätzen zeigt sich: Jesus wird oft nicht verstanden. Und: Seine Welt ist oft viel radikaler, als uns das angenehm ist. Maria über allem: Das empfindet der Besucher der Verkündigungskirche, wenn er in die Kuppel blickt, die wie eine nach unten hin offene weiße Lilie, das Symbol der Reinheit Mariens, konstruiert ist. Kaum bekannt ist die Theologie, die diesem Bauwerk zugrunde liegt. Sie beruht auf der jüdischen Kabbala, konkret auf dem „Buch der Schöpfung". Der Text aus dem neunten Jahrhundert erklärt, dass Gott die Welt aus „32 verborgenen Wegen der Weisheit geschaffen hat". Die Zahl setzt sich aus den 22 Buchstaben des hebräischen Alphabets und dem zehnmaligen „Und Gott sprach" in der Schöpfungsgeschichte zusammen. Diese Buchstaben, die als metaphysische Schöpfungskräfte verstanden werden, grub „Gott ein, formte sie und vertauschte sie. Mit ihnen bildete er die ganze Schöpfung."

Getragen wird die Kuppel von 16 Blütenblättern mit je zwei Flächen – also mit 32 Flächen, der Zahl der Weisheitswege. Und auf jedem dieser nach oben bis zur Laterne der Kuppel in den Himmel strebenden Pfeiler ist der Buchstabe „M" genau 23-mal – „Gott vertauschte sie" – dargestellt. Die Schlussfolgerung lautet: Der Weg zu Gott führt über Maria.
Übrigens: Der nackte Sichtbeton der Unterkirche bekommt bei Sonnenschein eine mystische Färbung. Zu verdanken ist dies den wunderbar farbkräftigen Fenstern der österreichischen Künstlerin Lydia Roppolt (1922–1995).

Nazareth

Zur Zeitenwende war Nazareth, wo Jesus aufgewachsen ist, ein Dorf in Galiläa, so klein, dass es sich nicht einmal in der Liste jener 203 Flecken der Region findet, die der jüdisch-römische Chronist Flavius Josephus im 1. Jh. n. Chr. erstellt hat. Das hat sich geändert. Heute ist Nazareth eine Stadt mit 77.000 Einwohnern, die großteils von Christen und Moslems bewohnt ist.

Die von Herodes dem Großen über dem Toten Meer errichtete Festung Masada ist aufgrund des Widerstandes, den jüdische Kämpfer den römischen Belagerern 73/74 n. Chr. leisteten, für das heutige Israel ein nationales Symbol.

Der grausame
Friedensfürst

Das Leben Jesu ist stark von Herodes dem Großen und seinen Söhnen geprägt. Wobei manche Texte des Neuen Testaments nicht historisch, sondern theologisch wertvoll sind.

Den Besuchern der Geburtskirche von Bethlehem wird meist nur eine Grotte gezeigt: nämlich jene, in der die Krippe Jesu gestanden haben soll. Aber unter der im Jahr 529 errichteten Kirche befindet sich ein ganzes System von Höhlen – und in einigen liegen ein paar Knochen. Dies seien die sterblichen Überreste jener Kinder, die Herodes der Große habe ermorden lassen, erklären Reiseleiter ganz gern, um damit die Dramatik des Ortes zu erhöhen. Den Befehl zu diesem Kindermord finden wir bei Matthäus und bei keinem anderen der vier Evangelisten. Wörtlich heißt es im zweiten Kapitel: „Er ließ in Bethlehem und in der ganzen Umgebung alle Knaben bis zu einem Alter von zwei Jahren töten." Mit dieser Maßnahme wollte Herodes verhindern, dass ihm ein Konkurrent am Thron erwächst. Einen solchen hatten die drei Sterndeuter aus dem Morgenland ja ausgemacht: „Wo ist der neu geborene König der Juden?" hatten sie in Jerusalem gefragt.

Es gibt bei dieser Erzählung nur ein Problem: Sie ist nicht historisch. Warum wir das sagen können? Ganz einfach: Die fragliche Zeit des ersten nachchristlichen Jahrhunderts wurde von dem jüdisch-römischen Schriftsteller Flavius Josephus in einem seiner Hauptwerke, dem „Jüdischen Krieg", beschrieben. Und wenn sich dort jede noch so kleine Palastintrige am herodianischen Hof findet, aber gar kein Hinweis auf eine Massentötung in dem nur zehn Kilometer von Jerusalem entfernten Bethlehem, dann dürfte es eine solche wohl auch nicht gegeben haben.

Die Bibel lügt dennoch nicht, sie täuscht auch nicht ihre Leser, sie ist allerdings manchmal anders als nur mit europäischen Augen zu lesen. Die Erklärung: Matthäus wendet sich in seinem Evangelium an eine judenchristliche Leserschaft. Also an eine Zuhörerschicht, der die Parallele von Jesus und Moses völlig klar war: Auch der Pharao hatte 1300 Jahre zuvor angeordnet, „alle Knaben, die den Hebräern geboren werden, in den Nil" zu werfen. Nachzulesen ist dies im Buch Exodus im zweiten Kapitel. So wie Mose sollte auch Jesus getötet werden. Und so wie Mose sein Volk Israel aus der Sklaverei Ägyptens herausgeführt hat, so wird auch Jesus befreien. Später wird die Theologie sagen: Christus befreit nicht nur sein Volk Israel, sondern die ganze Welt, und auch nicht nur aus der Sklaverei Ägyptens, sondern von der Sklaverei der Sünde.

Herodes wird bei Matthäus mit dem Pharao parallelisiert und als Gegner des göttlichen Heilswillens qualifiziert. Die Kirchenväter werden später diese Reihe um die römischen Kaiser Nero, der den Christen den Brand Roms in die Schuhe schieben wollte, und um Diokletian, der noch zu Beginn des vierten Jahrhunderts die Christen massiv verfolgen hat lassen, ergänzen. Warum aber hat Matthäus dem Herodes diesen grausamen Kindermord literarisch untergeschoben? Ganz einfach: Weil es bei dem Herrscher, der von 73 bis 4 v. Chr. gelebt hat, auf ein paar Tote mehr oder weniger gar nicht mehr angekommen ist. Herodes, der zumindest neun Mal verheiratet war, hat seine Lieblingsfrau Mariamne und auch drei seiner Söhne töten lassen, was Kaiser Augustus zu der Bemerkung verleitet haben soll: „Bei Herodes ist es besser, ein Schwein als sein Sohn zu sein." Ein Schwein hat Herodes aus Gründen der jüdischen Speisevorschriften nicht angerührt, die Söhne aber sehr wohl. Zudem hat er zwei seiner Schwager, einen Onkel, eine seiner Schwiegermütter, einige enge Freunde und vermutlich 30 Mitglieder des jüdischen Hohenrats umbringen lassen. Die Aufzählung ist nicht vollständig.

Wie viele Morde Herodes auch angeordnet hat – der von Bethlehem, der nicht stattgefunden hat, hat ihm durch die Feier des Tags der Unschuldigen Kinder am 28. Dezember zum Ruf verholfen, ein verruchter Tyrann, ja die Verkörperung des Bösen schlechthin zu sein. Dazu haben vor allem die Spekulationen im Mittelalter beigetragen, bei denen versucht wurde, die in der Bibel nie genannten Opferzahlen zu beziffern. In der „Lemberger Stephanus-Vita" aus der karolingischen Zeit ist von 14.000 hingeschlachteten Knaben in Bethlehem die Rede, in spätmittelalterlichen Weihnachtsspielen erhöht man die Zahl sogar auf 144.000. Damit ist klar: Herodes ist einer der grausamsten Despoten der Menschheitsgeschichte.

Dem Bild des Gewaltherrschers gilt es aber ein zweites entgegenzuhalten: das des Friedensfürsten. Herodes bescherte seinen Untertanen eine gut drei Jahrzehnte während Friedenszeit und Ära des Wohlstands. Dennoch wird er von den Historikern nicht als Wohltäter seines Volkes, sondern als ein Mensch mit „angeborener Mordgier" und einer „paranoiden Persönlichkeitsstörung" beschrieben. Worauf sind die so gegensätzlichen Gesichter des Herodes zurückzuführen? Der eine Grund liegt sicher in seiner Herkunft, die zu innenpolitischen Querelen geführt hat, der zweite in der außenpolitischen Konstellation dieser Zeit. Um nun all die Identitäten des Herodes auf den Punkt zu bringen: Seine Herkunft war idumäisch, seine Religion war das Judentum, sein Bürgerrecht war römisch, aber seine Sozialisation war hellenistisch.

Dazu kommt, dass man hinter die behaupteten Lebensdaten auch noch ein Fragezeichen setzen muss. War denn Herodes tatsächlich jüdisch? Auf jeden Fall stammte er aus Idumäa. Das ist jenes Gebiet südlich von Jerusalem zwischen Hebron und Be'er

Scheva, das vom jüdischen Hasmonäer Johannes Hyrkanos I. zwischen 134 und 104 v. Chr. zwangsjudaisiert worden war.

Dieses Skandalon muss man sich vorstellen. In Jerusalem leben Familien, die ihre Abstammung bis zu König David um 1000 v. Chr. zurückverfolgen. Und plötzlich werden sie von einem König regiert, von dem nicht einmal klar ist, ob nicht erst sein Großvater zwangsbekehrt wurde. Das hat die einflussreichen Familien unter den Juden wohl die Nasen rümpfen und gegen Herodes Stimmung machen lassen.

Dazu kommt, dass Idumäa bei den Juden generell verhasst war. Denn Idumäa ist nichts anderes als der griechische Name für das hebräische Edom. Das wiederum ist der zweite Name für Esau, so wie Israel der zweite Name für Esaus Zwillingsbruder Jakob ist. Beide waren Söhne Rebekkas und Isaaks und beide trugen der Bibel nach „bereits im Mutterleib den Streit um das Erstgeburtsrecht aus". Esau kam als Erster auf die Welt, Jakob luchste ihm aber sein Erstgeburtsrecht ab. Dieser Konflikt zwischen Idumäern und Juden aus den Schriften des Alten Testaments wird nun bei Herodes wieder virulent.

Herodes galt den Juden somit als eine Art „minderwärtiger Verwandter". Flavius Josephus nennt ihn einen „Halbjuden", frommen Juden galt er gar als „fremdstämmisch". Und das wiederum erlaubte es den meisten seiner Untertanen nicht, ihn als König Israels zu akzeptieren. Heißt es doch im 5. Buch Mose 17,15: „Nur aus der Mitte deiner Brüder darfst du einen König über dich einsetzen."

Herodes war also seiner Herkunft wegen – trotz der Sicherheit und wirtschaftlichen Stabilität, die er dem Land beschert hatte – wenig beliebt. Auch die Tatsache, dass er im Hungerjahr 27 v. Chr. auf sein Privatvermögen zurückgriff, Kunstgegenstände verkaufte und sein Tafelsilber einschmolz, um in Ägypten Getreide für die hungernde Bevölkerung zu kaufen, vermochte seinen Ruf unter den Juden nicht nachhaltig zu verbessern.

Zu allem Überdruss war Herodes aus jüdischer Sicht auch noch ein „Knecht der Römer", der mit seiner Machtübernahme im Jahr 37 v. Chr. dem jüdischen Herrschergeschlecht der Hasmonäer ein Ende bereitet hatte. Diese waren im Volk höchst beliebt, haben sie es doch geschafft, nach dem Makkabäer-Aufstand im Jahre 165 einen eigenständigen jüdischen Staat zu gründen. Dieses dynastische Defizit war Hero-

Wer war **Herodes?**

Herodes der Große herrschte von 37 bis 4 v. Chr. als König von Roms Gnaden. Als wohl wichtigster Baumeister seines Landes erweiterte er den Tempel (im Bild die Westmauer) zum größten Einzelbauwerk der Antike, erbaute die Stadt Caesarea Maritima und das Patriarchengrab in Hebron, das Theater in Bet Sche'an und vieles mehr. Vor seinem Tod teilte er sein Reich auf seine drei Söhne Archelaos, Antipas und Philippos auf.

des sehr wohl bewusst, und so suchte er über die Eheschließung mit der Hasmonäerprinzessin Mariamne seiner Herrschaft eine breitere Legitimität zu geben.

Neben seinen innenpolitischen Ängsten hegte Herodes zu Recht auch außenpolitische Befürchtungen. Die größte Gefahr ging für ihn von der ägyptischen Königin Kleopatra VII. aus, die eine Liebesbeziehung zum römischen Triumvir Marcus Antonius hatte. Diesem waren die römischen Herrschaftsgebiete im Osten des Reiches zugefallen. Das nutzte Kleopatra, unterstützt von einer höchst intriganten Schwiegermutter des Herodes, aus, um von Marc Anton die alten ägyptisch-ptolemäischen Besitzungen im biblischen Land einzufordern. Vor allem ging es ihr um das Tote Meer als private Badewanne, aber auch um die Palmenstadt Jericho, wo ein Parfum hergestellt wurde, das die vornehmen Römerinnen in Entzücken versetzte. Mit dieser instabilen außen- und auch innenpolitischen Lage und dem daraus erwachsenden Sicherheitsbedürfnis des Herodes lassen sich dessen massive Bauten erklären. So errichtete er westlich und östlich des Jordans Palastfestungen wie Hyrkania, Machärus, das Alexandreion, aber auch das Herodion und Masada sowie einen Palast in der Nähe von Jericho, um nur die wichtigsten zu nennen. Die meisten dieser Anlagen wurden in der Wüste errichtet, abgelegen und womöglich auf einer Anhöhe und stets nahe einer ergiebigen Wasserquelle. Dies war auch bei dem Palast in Jericho der Fall, den Herodes an beiden Seiten eines Wadis, eines nur zeitweise wasserführenden Trockentals, errichten und mit einer Brücke verbinden ließ. Das Wasser, das von Jerusalem in Richtung Osten floss, ließ er in einem riesigen Schwimmbecken inmitten der kargen Wüstenlandschaft fassen.

Als das architektonische Meisterstück darf wohl die am Westufer des Toten Meeres gelegene Trutzburg Masada genannt werden. An diesem trockenen Ort, 420 Meter unter dem Meeresspiegel und somit am tiefsten Punkt der Erde gelegen, regnet es nur sehr selten. Aber auch hier führt ein Wadi zeitweise Wasser aus dem judäischen Bergland, wenngleich auch nur an wenigen Tagen im Jahr. Um das Wasser zu fassen, hat Herodes zwischen dem Wadi und dem 400 Meter ringsum steil abfallenden Burgberg einen Kanal bauen und auf halber Höhe des Bergs riesige Wasserzisternen ausgraben lassen. 40.000 Kubikmeter standen so zur Verfügung, was es Herodes erlaubte, mitten in der Wüste eine riesige Badeanlage mit Kalt- und Warmbädern zu errichten.

Diese unermessliche Prunksucht, dieser zur Schau gestellte Reichtum, wie er selbst Rom zur Ehre gereicht hätte, stand nun in einem radikalen Gegensatz zu der Lebenswelt der Menschen aus Galiläa. Dort mussten sich die Menschen unter härtesten Bedingungen ihr tägliches Brot erwerben. Viele hatten nicht einmal Tiere, um sie vor den Pflug zu spannen, sondern zogen selbst von Hand die Furchen in den Boden. Wer seine Steuern nicht zahlen konnte, ging seines Besitzes verlustig, wurde in den Schuldturm geworfen und verdingte sich seinen Unterhalt fortan als Tagelöhner. Diese Menschen sind es, denen sich Jesus zuwendet. Er ist bei ihnen und spendet ihnen Trost, wenn er sie lehrt,

Herodes der Große ließ sich in dem von ihm auf einem erloschenen Vulkankegel errichteten Palast Herodion begraben. Das rekonstruierte Mausoleum mit dem Sarkophag des Königs kann man im Israel-Museum in Jerusalem besichtigen. Johannes der Täufer wurde auf Machärus, einer anderen Festung des Herodes auf Befehl von dessen Sohn Herodes Antipas hingerichtet. Seine Enthauptung hat viele Künstler, darunter den Maler Caravaggio (1571–1610), inspiriert.

den Vater im Himmel um das „tägliche Brot" zu bitten. Oder wenn er ihnen zusagt: „Selig, die hungern und dürsten nach der Gerechtigkeit, denn sie werden satt werden."

Wer die Schriften des Neuen Testaments liest, wird verwirrt sein, denn dort begegnen wir mehreren Personen mit dem Namen Herodes, die oft nur schwer zu unterscheiden sind. Herodes der Große stirbt im Jahr 4 v. Chr. Jener Herodes, der für Jesus eine entscheidende Rolle spielt, weil er dessen Landesfürst in Galiläa war, trägt den Beinamen Antipas. Oft wird er auch als „Vierfürst" oder „Tetrarch" bezeichnet. Dieser Sohn des Herodes des Großen war es, der auf der Festung Machärus im heutigen Jordanien Johannes den Täufer hat enthaupten lassen (Mt 14, 1 – 12). Er trachtete aber auch Jesus nach dem Leben: „Zu dieser Zeit kamen einige Pharisäer zu Jesus und sagten: Geh weg, verlass dieses Gebiet, denn Herodes will dich töten!" (Lk 13, 31).

Aus der Angst heraus, Herodes Antipas könnte ihn töten, ehe er seine irdische Mission und den „Willen des Vaters" erfüllt hat, untersagte Jesus seinen Jüngern immer wieder, mit jemandem über seine wahre Identität zu sprechen, wie bei Lukas (8,27) zu lesen ist: „Jesus ging mit seinen Jüngern in die Dörfer bei Cäsarea Philippi. Unterwegs fragte er die Jünger: Für wen halten mich die Menschen? Sie sagten zu ihm: Einige für Johannes den Täufer, andere für Elija, wieder andere für sonst einen der Propheten. Da fragte er sie: Ihr aber, für wen haltet ihr mich? Simon Petrus antwortete ihm: Du bist der Messias! Doch er verbot ihnen, mit jemand über ihn zu sprechen."

Die einzige direkte Begegnung zwischen Herodes Antipas und Jesus fand wenige Stunden vor dessen Kreuzigung in Jerusalem statt. Der zaudernde Pilatus, vor dessen Richterstuhl Jesus steht, erfährt, dass Herodes Antipas sich in Jerusalem aufhält. Also lässt er Jesus seinem Landesherrn vorführen, der sich „erhofft, ein Wunder von ihm zu sehen". Diesen Wunsch erfüllt der Nazarener aber nicht, worauf Herodes ihm „offen seine Verachtung zeigte. Er trieb Spott mit Jesus, ließ ihm ein Prunkgewand umhängen und schickte ihn so zu Pilatus zurück. An diesem Tag wurden Herodes und Pilatus Freunde; vorher waren sie Feinde gewesen" (Lk 23, 6 ff).

Ein weiterer Herodes ist Archelaos, ein Bruder des Antipas, der als Herrscher über Judäa, Samaria und Idumäa die Nachfolge seines Vaters angetreten hat. Er wird dafür verantwortlich gemacht (Mt 2, 19 ff), dass die Familie Jesu aus Ägypten nicht nach Judäa zurückkehren kann, sondern nach Nazareth ausweichen muss.

Mit Herodes Agrippa I. findet sich ein weiterer Herodianer im Neuen Testament. Im zwölften Kapitel der Apostelgeschichte wird von ihm berichtet, dass er die christliche Gemeinde verfolgt, „Jakobus, den Bruder des Johannes" hinrichten und Petrus inhaftieren lässt.

Auch wenn sie große kulturelle und auch wirtschaftliche Leistungen erbracht haben – so ist doch eines klar: Die Herodianer sind im Neuen Testament zu einem Synonym für die Gegnerschaft Jesu und der jungen christlichen Bewegung geworden.

Ein Menschenfreund
aus der tiefsten Provinz

Ein Dorf abseits der großen Via Maris: Nazareth, die Geburtsstadt Jesu.

Die „stillen Jahre Jesu", von denen das Neue Testament nichts berichtet, waren für den heranwachsenden Mann aus Nazareth doch sehr prägend.

Das letzte Mal hören wir von Jesus, als er zwölf Jahre alt war und im Tempel von Jerusalem mitten unter den Lehrern saß, ihnen zuhörte und Fragen stellte (Lk 2, 41 ff). Es folgen knapp zwanzig Jahre, über die die Evangelisten kein Wort verlieren. Das ist auch verständlich, denn ihnen war nicht daran gelegen, eine Biografie Jesu zu verfassen, sondern sie wollten sein Heilswirken in dieser Welt dokumentieren, das mit der Hochzeit von Kana, als Jesus etwa 30 Jahre alt gewesen sein dürfte, begann. Dabei setzten sie sehr unterschiedliche Schwerpunkte. Diese hingen davon ab, an welche Leserschaft sie sich richten: Matthäus an Judenchristen, Lukas an eine heidnische Gemeinde. Diese zwanzig „stillen Jahre" hat Jesus vornehmlich in Nazareth verbracht. Das war ein kleines Dorf, wie alle diese 204 Dörfer in Galiläa es zur Zeit der Zeitenwende waren. Nazareth aber war besonders bescheiden, lag es doch abseits der großen Via Maris, über die der Handel von Ägypten bis in den Libanon und auf einer Abzweigung durch das Jesreeltal bis zum See Genezareth und weiter nach Damaskus geführt hat. Aber an den Verdienstmöglichkeiten, die der Handelsweg bot, hatte Nazareth keinen Anteil. Vermutlich hat das Dorf weniger als tausend Einwohner gehabt, von denen die allermeisten von der Landwirtschaft gelebt haben. Ein paar Hühner, einen Esel als Lasttier, vielleicht eine Kuh und ein Feld für Getreide, Gemüse und Obst, ein paar Olivenbäume – mehr dürfte die Mehrheit der Nazarener nicht besessen haben. Es hat zwar niemand gehungert, aber wohlhabend war hier niemand.

Josef, der Nährvater Jesu, dürfte zur Oberschicht in Nazareth gehört haben, denn er hatte einen erlernten Beruf, auch wenn er kein Zimmermann war. Diese Bezeichnung geht auf Martin Luther in seiner Bibelübersetzung des Jahres 1522 zurück. Falsch ist sie allemal, denn niemand konnte sich in dem kleinen Kaff Holz leisten. Gebaut wurde aus Stein oder aus Lehm, gutes Holz war hingegen viel zu kostspielig. Zudem ist im griechischen Original des Neuen Testaments von Josef als einem „tekton" die Rede, also von einem Baumeister, der mit den unterschiedlichsten Materialien gearbeitet hat. Aber selbst in dieser Profession hätte Josef in seinem Dorf nur wenig Arbeit gefunden, weswegen Theologen heute davon ausgehen, dass er in Sepphoris, nur eine gute Gehstunde von Nazareth entfernt, gearbeitet hat. Nach dem Tod von Herodes dem Großen haben rebellische Juden einen Aufstand gegen Rom angezettelt, worauf Publius Quinctilius Varus, Statthalter von Syrien, die Stadt zerstört hat. Herodes Antipas, einer der Söhne des Herodes des Großen, der als Vierfürst über Galiläa herrschte, ließ sie nun wieder errichten. Und dort dürfte Josef mit seinem Sohn als Handwerker Arbeit gefunden haben.

Wenn nun Jesus an mehreren Stellen der Bibel als der Erstgeborene bezeichnet wird, dann ist auch klar: Er war derjenige, der Haupterbe des vermutlich bescheidenen elterlichen Vermögens. Es hätte auch keinen Sinn gehabt, das Handwerksgerät des Vaters auf alle Kinder aufzuteilen. Nur einer, der alle Sägen, Hämmer, Zangen erbt, ist dann auch fähig, den Beruf des Vaters weiterzuführen und davon zu leben.

Mit dem Erstgeburtsrecht ist neben dem Erbe auch eine Verpflichtung verbunden.

Der **Cheder**

So nannte man in Osteuropa die religiösen Schulen der Juden. „Auch der kleine Jesus dürfte spätestens mit vier Jahren in einen Cheder, eine Art Grundschule, gekommen sein. Dort lernten die Buben die Hebräische Schrift und Sprache anhand von Bibeltexten kennen". Der Schriftsteller Manès Sperber schreibt in seinem Buch „Die Wasserträger Gottes" seine Erfahrungen in einer solchen Schule im zwanzigsten Jahrhundert.

CHRISTIAN JUNGWIRTH

Nämlich für die Eltern in deren alten Tagen zu sorgen. Dieser Aufgabe kommt Jesus sterbend noch am Kreuz nach: Von Josef wissen wir nichts mehr – vermutlich ist er bereits verstorben. Selbst in Kana, wo Jesus zum ersten Mal öffentlich auftritt (Joh 2), wird er nicht mehr erwähnt. Maria aber steht unter dem Kreuz und trauert. In dem Wissen, dass sein Ende naht und er die Obsorge für seine Mutter nicht mehr erfüllen kann, delegiert Jesus diese an seinen Lieblingsjünger Johannes, wenn er sagt: „Als Jesus seine Mutter sah und bei ihr den Jünger, den er liebte, sagte er zu seiner Mutter: »Frau, siehe, dein Sohn!« Dann sagte er zu dem Jünger: »Siehe, deine Mutter!« Und von jener Stunde an nahm sie der Jünger zu sich." (Joh 19, 26).

Jetzt gilt es noch die Frage zu klären, ob Jesus, der Erstgeborene, Geschwister hatte oder nicht. Im Markusevangelium (6, 3 ff) werden sogar die Namen der „Brüder" aufgelistet: „Jakobus, Joses, Judas und Simon". Dazu kommen noch mehrere Schwestern, die namentlich allerdings nicht bezeichnet werden. In dieser Aufzählung allerdings schon leibliche Geschwister zu sehen ist eine vage Interpretation. Im Sprachgebrauch der Bibel ist die Bezeichnung „Brüder" nämlich nicht allein auf leibliche Brüder beschränkt, sondern gilt auch für nahe Verwandte, wie Cousins. Einer von ihnen, Jakobus, spielt später in der Urgemeinde eine große Rolle. Er wird öfter als „Bru-

Straßenszene in Nazareth (oben), links: Weinlese in Galiläa. Ganz links: Schule in Jerusalem. Analphabetismus gab es im Judentum nie. Männer mussten in der Synagoge aus der Thora vorlesen können. Mädchen lernten von ihren Müttern das Lesen.

der des Herrn", nie aber als Sohn Marias, der Mutter Jesu, bezeichnet.

Auch wenn die Lebensverhältnisse in Nazareth bescheiden waren, so haben die Menschen großen Wert darauf gelegt, dass ihre Kinder lesen und schreiben gelernt haben. Auch der kleine Jesus dürfte spätestens mit vier Jahren in einen Cheder, eine Art Grundschule, gekommen sein. Dort lernten die Buben die hebräische Schrift und Sprache anhand von Bibeltexten kennen. Mit acht, neun Jahren konnten die Buben bereits ganze Teile der Thora auswendig. Dazu gibt es eine nette Schilderung des „anonymen Pilgers von Piacenza" um das Jahr 570: „Wir reisten zu der Stadt Nazareth, wo viele Wunder geschehen. In der Synagoge bewahrt man das Buch, wo der Herr sein ABC hineinschrieb. Und in dieser Synagoge ist die Bank, auf der er mit anderen Kindern saß. Christen können die Bank aufheben und herumtragen, aber Juden sind völlig unfähig, sie zu bewegen oder hinauszutragen."

Dieser Unterricht wurde den Knaben zumindest bis zum Alter von 13 Jahren zuteil. Einen Analphabetismus gab es im Judentum nie. Männer mussten in der Synagoge aus der Thora vorlesen können und selbst Mädchen wurde das Lesen meist von ihren Müttern beigebracht, denn sie waren es, die zu Hause die Schabbatliturgie geleitet haben. Der israelische Historiker Yehuda Bauer sieht in der jüdischen Religionspraxis den Grund für das Lernen begründet: „Im Gegensatz zur christlichen Welt, wo der Priester Texte vorlas und das Volk nur vorformulierte Kurzantworten gab, haben im Judentum die Männer und die Frauen die Thora und die Gebetsbücher immer selbst gelesen." Es gab im Judentum, so Bauer, eine etwa 2500-jährige Lehrtradition, die auf das Deuteronomium (6,4 ff) zurückgeht, wo es heißt: „Du sollst deine Kinder belehren!"

Das Lernen war also bereits im Judentum der Antike ein fester Bestandteil der jüdischen Praxis, die eine starke Identität bewirkte, wenn die Kinder in den Disziplinen Erinnern, Lernen und Disputieren unterrichtet wurden. Und diese Form des differenzierten Denkens finden wir auch bei Jesus, wenn er so manche ihn gestellte

Falle pariert. Etwa, wenn er von Pharisäern im Matthäusevangelium gefragt wird: „Was meinst du? Ist es erlaubt, dem Kaiser Steuern zu zahlen, oder nicht? Jesus aber erkannte ihre böse Absicht und sagte: Ihr Heuchler, warum versucht ihr mich? Zeigt mir die Münze, mit der ihr eure Steuern bezahlt. Da hielten sie ihm einen Denar hin. Er fragte sie: Wessen Bild und Aufschrift ist das? Sie antworteten ihm: Des Kaisers. Darauf sagte er zu ihnen: So gebt dem Kaiser, was dem Kaiser gehört, und Gott, was Gott gehört! Als sie das hörten, staunten sie, ließen ihn stehen und gingen weg."

Dies war tatsächlich eine Fangfrage. Hätte Jesus nämlich geantwortet, es sei nicht erlaubt, dann hätte er der Unruhestiftung angeklagt werden können. Hätte er aber die Steuerfrage bejaht, dann hätte man ihn als einen „Knecht der verhassten Römer" gebrandmarkt. Und das hätte den Menschen, denen er gepredigt hat und die ihm in Scharen gefolgt sind, nicht gefallen. Jesus von Nazareth wurde in eine religiöse jüdische Welt hineingeboren und in deren Wertevorstellungen auch großgezogen. Er wurde als Jude geboren und hat auch als Jude gelebt. Die Thora war für ihn das zentrale Buch seines Lebens, wenn er sagt: „Amen, ich sage euch: Bis Himmel und Erde vergehen, wird kein Jota und kein Häkchen des Gesetzes vergehen, bevor nicht alles geschehen ist" (Mt 5,18). Was bei Jesus allerdings neu ist, ist die menschenfreundliche Interpretation des Wortes Gottes, die sich an die Armen richtet und sich nicht in der Erfüllung von zum Teil erstarrten Regeln erschöpft.

Römische Münze mit dem Profil des Kaisers Tiberius, unter dessen Herrschaft Jesus wirkte und gekreuzigt wurde.

> „So gebt dem Kaiser, was dem Kaiser gehört, und Gott, was Gott gehört."
>
> **Jesus**
> antwortet auf eine Fangfrage der Pharisäer nach der Steuerpflicht.

Landkarte Palästinas zur Zeit Jesu

„Jesus wurde als Jude geboren und hat auch als Jude gelebt. Die Thora war für ihn das zentrale Buch seines Lebens.

Blick auf den See Genezareth in Galiläa. Hier fand Jesus unter armen Fischern seine Jünger. Viele Erzählungen des Neuen Testaments trugen sich hier zu.

Der Mann aus Galiläa

Ein Wanderprediger, der sich mit den Ärmsten solidarisierte und aus dem heidnischen Norden kam, konnte in den Augen der Jerusalemer Gesellschaft nicht der „Retter Israels" sein.

Die Fische vom See Genezareth, eingelegt im Salz des Toten Meers, galten den Römern als Delikatesse. Sie waren ein Zeichen für den Wohlstand eines Haushalts, denn nur reiche Bürger konnten es sich leisten, sich ihr Festessen aus der östlichsten Provinz des Römischen Reichs in die Hauptstadt liefern zu lassen. Die Fischer am See hatten davon allerdings wenig. Jesus zählt sie mit den Kleinbauern und den Taglöhnern, den Hirten und den Bettlern, den Waisen und den Prostituierten zu den Armen.

Ein Fischer am See Genezareth zu sein, war nicht einfach. Zunächst bedurfte es eines seetüchtigen Bootes, mit dem man das im Winter wegen seiner Stürme gefürchtete Wasser befahren konnte. Dann mussten Schlepp-, Wurf- und Fesselnetze gekauft und zumindest fünf Taglöhner angeheuert werden, die der Fischer ebenfalls bezahlen musste. Bevor er schließlich seiner Tätigkeit nachgehen durfte, musste er eine Fanglizenz lösen, die von der Wasserpolizei auch kontrolliert wurde. Dazu kamen dann je nach Ertrag Verbrauchs- und Gewerbesteuern, und auf die gesamte Exportware wurden noch die Zollgebühren aufgeschlagen. Und diese waren enorm hoch. Der Grund dafür lag in der Privatisierung des Zollgebühren. Die römische Verwaltung verpachtete die Grenzstationen an jene Zollpächter, die das höchste Angebot legten. Diese wiederum holten sich das einmal investierte Geld höchst profitabel zurück, wie wir aus dem Neuen Testament wissen. So beteuert der Zöllner Zachäus in Jericho (Lk 19,1), dass er jenen „das Vierfache" zurückgeben werde, von denen er zu viel kassiert habe. Tatsächlich blieben einem Fischer nur etwa 44 Prozent seines Umsatzes zum Leben.

Wie bescheiden das Leben der Menschen gewesen sein muss, belegt ein

Fischer am See Genezareth einst und heute (unten). Viel hat sich nicht geändert an der harten Arbeit seit den Zeiten Jesu, der in Sepphoris mit dem Wohlstand der römischen Welt (rechts) in Berührung kam.

Der See **Genezareth**

Seit den Zeiten Jesu dient der sehr fischreiche See vielen Fischern als Einnahmequelle (Petrusfisch). Heute ist er auch das wichtigste Trinkwasserreservoir Israels. Eine Leitung führt Wasser über Tel Aviv bis in die Wüste Negev. Sinkt der Wasserspiegel im Sommer unter einen gewissen Pegel, droht die Versalzung des Sees, und die Wasserentnahme muss vorübergehend ausgesetzt werden.

archäologischer Fund am Westufer des Sees Genezareth nördlich von Tiberias aus dem Jahr 1986. Bei Niederwasser gingen zwei Brüder am Ufer spazieren, als einer über ein Stück Holz stolperte. Aus dem nahen Kibbuz Ginnossar, dessen Mitglied er war, holte er einen Spaten und legte Teile eines Bootes von 8,2 Metern Länge frei. Später sollte sich herausstellen, dass dieses aus der Zeit Jesu stammte. Ursprünglich war es aus Eiche und dem Holz der Libanon-Zeder gefertigt worden. In die Jahre gekommen, musste es aber mehrfach repariert werden. Dabei kamen zehn weitere Hölzer, meist Recyclingmaterial vom Johannisbrotbaum, vom Christusdorn und Feigenbaum, von Pistazie, Judasbaum, Lorbeer und Weide, zum Einsatz. Dieses Flickwerk ist ein untrüglicher Beleg dafür, dass der Besitzer des Bootes sehr ärmlich hauste. Historiker gehen heute davon aus, dass in Galiläa zur Zeit Jesu über 90 Prozent der Menschen an oder gar unter der Armutsgrenze lebten.

Diese Armut stand in einem starken Kontrast zu dem Reichtum der etwa fünfprozentigen Elite, an deren Spitze Herodes Antipas, ein Sohn Herodes' des Großen, stand. Der Sold, den ihm Rom bezahlte, betrug jährlich 200 Talente – das entspricht 118 Kilo Silber. Dieses Geld investierte er gut, indem er die zerstörte Stadt Sepphoris wiedererrichten und Tiberias neu bauen ließ. Das brachte den Menschen der Region zunächst reiche Arbeit. Aber als die Großbaustellen abgeschlossen waren – bei Tiberias war dies 19 n. Chr. der Fall –, war es mit dem wirtschaftlichen Aufschwung plötzlich vorbei und die Arbeitslosigkeit stieg. In diese Städte zogen nun zunehmend Steuerpächter, Richter, Inspektoren und Marktaufseher, sodass die Verwaltung durch die Nähe zu ihren Klienten immer effektiver wurde und es zu einer Mehrbelastung der Menschen kam. Zugleich aber gab es weniger Arbeit, die Löhne fielen – nur die Belastungen blieben gleich hoch. Fazit: Die soziale Schere klaffte weit auseinander, und es kam zu sozialen Unruhen. Viele Menschen hofften auf einen „Retter", der ihnen helfen und ihnen Trost zusprechen würde, wie Jesus dies getan hat, wenn er in den Seligpreisungen sagt: „Selig, die hungern und dürsten nach Gerechtigkeit, denn sie werden gesättigt werden." Und später in Jerusalem wird er seine Jünger im „Vaterunser" beten lehren: „Unser tägliches Brot gib uns heute!"

Für das religiöse Establishment am Tempel von Jerusalem war es völlig unverständlich, dass ein Wanderprediger, der sich hauptsächlich mit den Armen dieser Welt abgab und der noch dazu keine formelle Ausbildung bei den großen Rabbinern seiner Zeit erfahren hatte, der „Retter Israels" sein sollte. Aber nicht allein die Armut, sondern auch die Herkunft machte es den vornehmen

> „Kann aus Nazareth etwas Gutes kommen?"
>
> **Nathanael,**
> ein späterer Jünger, abfällig über Jesus.

Jerusalemer Kreisen unmöglich, in Jesus mehr als einen Aufwiegler zu sehen. Denn Jesus stammte aus Galiläa im Norden des Landes, das stets als die „Provinz der Heiden" bezeichnet wurde. Dieser Name leitete sich von der Eroberung durch die Assyrer 733 v. Chr. ab, die die Israeliten deportiert und dort heidnische Ethnien aus anderen eroberten Landstrichen angesiedelt hatten. Zwar hatte der Hasmonäerkönig Johannes Hyrkanos I. um 110 v. Chr. die Heiden der Region zwangsweise zum Judentum bekehrt – aber das war aus der Sicht der gehobenen Gesellschaft in Jerusalem geradezu lächerlich. Sie selbst konnten ihren jeweiligen Stammbaum tausend Jahre auf König David zurückführen, bei einem Galiläer hingegen war es nicht sicher, ob sein Großvater vielleicht nicht noch ein Heide gewesen war.

Galiläa, das war tiefste Provinz, Jerusalem aber war die Hauptstadt – größer konnte der Gegensatz nicht sein. Im Norden sprach man ein schlampiges Aramäisch, in Jerusalem parlierte man in einem klassischen Hebräisch, und viele waren zudem des Lateinischen und Griechischen kundig. In Jerusalem interpretierte man nicht nur die Thora, sondern erörterte auch die Schriften der römischen Philosophen, Dichter und Schriftsteller. Die Menschen aus Galiläa waren in einfache Wollkleidung gehüllt, der vornehme Judäer hingegen trug Leinen aus Ägypten. Im Norden hatten die Frauen, die sehr früh Mütter wurden und sich dann um die Kinder, das Vieh und die Arbeit auf den Feldern kümmern mussten, eine sonnengegerbte Haut und schwielige Hände. Die Dame in Jerusalem hingegen trug eine Frisur, die sie am Schabbat weder hochstecken noch lösen durfte, weil dies so aufwendig war, dass es bereits unter das Arbeitsverbot des heiligen Tages fiel.

Selbst Nathanael, ein späterer Jünger, zweifelt an Jesus mit der Frage: „Kann aus Nazareth etwas Gutes kommen?" Damit brachte er für seine Zeitgenossen auf den Punkt, warum dieser Mann aus Galiläa wohl kaum der „Retter Israels" sein konnte.

Die Stadt Jesu gibt Rätsel auf

Der biblisch wichtigste Ort in Kapernaum ist das „Haus des Petrus". Doch mit seinem schwarzen Basalt wirkt es so unscheinbar, dass man es beinahe übersieht.

Kapernaum

Kapernaum, auch Kafarnaum, ist eine in Israel gelegene Ausgrabungsstätte am Nordwestufer des Sees Genezareth mit der Ruine einer spätantiken Synagoge. Im Neuen Testament ist es einer der Lieblingsorte Jesu und wird sogar die „eigene Stadt" des Herrn genannt (Mt 9,1; Mk 2,1). In Wirklichkeit dürfte es sich aber wohl um ein Dorf von Fischern und Bauern gehandelt haben.

In biblischen Zeiten war es ein Kaff. Es war das Kaff des „Nahum", eines „kleinen" Propheten im Alten Testament, der hier begraben sein soll und dem Ort seinen Namen gab. Dieses Dorf am Nordufer des Sees Genezareth wählt Jesus nach seinem Abgang aus Nazareth zum Zentrum seines öffentlichen Wirkens. Hier heilt er unter anderen die Schwiegermutter des Petrus (Mk 1,29–32) sowie einen Aussätzigen (Lk 5,12–16), einen Gelähmten, den man übers Dach zu ihm hinabließ (Lk 5,17–26), und den Diener des Hauptmannes von Kapernaum (Lk 7,1–10). In der unmittelbaren Umgebung hält Jesus seine Bergpredigt (Mt 5 ff.), er stillt den Sturm am See (Mt 8,23–25), er geht über das Wasser (Mt 14,22–23) und speist die 4000 bzw. 5000 mit fünf Broten und zwei Fischen.

Nach seinem Leiden und seiner Auferstehung kehrt Jesus noch einmal nach Galiläa zurück und erscheint seinen Jüngern am Seeufer, wie das Johannesevangelium (21,1–14) berichtet. Die Jünger haben gefischt, aber nichts gefangen. Zurück am Ufer, treffen sie auf Jesus, der ihnen rät, noch einmal hinauszufahren und die Netze „auf der rechten Seite des Bootes" auszuwerfen. Sie kommen mit 153 großen Fischen zurück. Die Zahl scheint so bedeutsam wie rätselhaft. Der Kirchenvater Hieronymus (347–420) glaubt, dass die Zahl aller Fischarten in allen Gewässern 153 beträgt. Der Kirchenvater Augustinus (354–430) hingegen stellt die Zahl auf eine mathematische Grundlage. Er entdeckt, dass es die Summe von 1 bis 17 ist. Dies wiederum interpretiert er auf die Einheit der Bibel hin: Zehn Gebote des Alten Testaments und die Zahl 7, die für die „Fülle" des Neuen Testaments steht, ergeben erneut 17. Um auf 153 zu kommen, muss man 17 mit dem Faktor 9 multiplizieren, einer Zahl der Vollkommenheit, die sich aus dreimal drei zusammensetzt. Drei wiederum wird in vielen Kulturen als „göttliche" Zahl betrachtet. Mit dieser „höheren" Mathematik sollte offenbar bewiesen werden: Die Apostel erhielten die ganze potenzierte Offenbarung Gottes. 153 bleibt auch nach den Erklärungsversuchen der großen Theologen rätselhaft. Bemerkenswert ist, dass sich 153 in $1 \times 1 \times 1 + 5 \times 5 \times 5 + 3 \times 3 \times 3$ zerlegen lässt. Ist es Zufall oder nicht? Die Kapitel der ersten vier Bücher des Moses ergeben genauso die Zahl 153 wie die „Verborgenen Worte", eine der wichtigsten Textsammlungen der Bahai, die 153 Aphorismen enthält. Darüber hinaus gibt es noch etliche mathematische Erklärungsmodelle.

Wer das Ausgrabungsfeld von Kapernaum betritt, sieht freigelegte Häuser aus der Zeit Jesu vor sich, alle aus dunklem Basalt. Sie sind unscheinbar, und das Gewirr von halbhohen Mauern ist nicht leicht zu überblicken. Beinahe intuitiv zieht es die Besucher deshalb zu der Synagoge aus weißem Kalkstein. Auch wenn diese prächtig ist und den Ort optisch dominiert, so ist sie doch biblisch gesehen völlig bedeutungslos. Denn sie stammt aus dem vierten oder fünften Jahrhundert. Aus einer Zeit, als es eine antijüdische Gesetzgebung im Römischen Reich den Juden zwar erlaubte, ihre Bethäuser im Bedarfsfall zu restaurieren, ihnen Neubauten aber untersagte. Dazu kommt,

Reste eines Mosaiks im „Haus des Petrus" in Kapernaum zeigen ein Schiff.

dass das Bethaus nicht nach jüdischen Vorschriften errichtet wurde. Es ist nämlich nicht nach Jerusalem, sondern nach Norden in Richtung des Libanon ausgerichtet. Da stellt sich die Frage: Wer hat diesen Prachtbau, der möglicherweise sogar einstöckig war, errichtet, und warum?

Eine mögliche Erklärung liegt in der Prachtentfaltung des Byzantinischen Reichs. Die Kaiser, die sich als Verwalter des Glaubens und Beschützer der Kirche verstanden, lebten in Konstantinopel in wunderbaren, riesigen Palästen. Da schien es ihnen befremdlich, dass ausgerechnet jener Mann, auf den sie sich in ihrer Macht- und Prachtfülle beriefen, in einer armseligen Synagoge in einem Kaff irgendwo in der Provinz von Palästina gewirkt haben soll. Der Bau der prächtigen Synagoge ist möglicherweise dem schlechten Gewissen des Auftraggebers geschuldet. Das ist nur eine Theorie, aber sie würde erklären, warum das neue, von christlichen Bauleuten errichtete Bethaus rituell nicht den jüdischen Vorschriften entsprach. Eines ist archäologisch aber absolut gesichert: Der Neubau wurde über der alten Synagoge errichtet, in der Jesus betete, lehrte und heilte.

Wenn man die Synagoge über die Haupttreppe verlässt und dem Weg in Richtung Seeufer folgt, kommt man zu dem für Christen eigentlichen Zentrum des Ortes. Zum „Haus des Petrus", das die Anfänge des Christentums erkennen lässt. Zunächst sieht man einen Oktogonalbau, der eindeutig aus byzantinischer Zeit stammt. Denn in dieser Periode war es üblich, achteckige Sakralgebäude zu errichten. Sie entsprachen der Theologie der Schöpfung, wonach Gott das Universum in sieben Tagen erschuf. Der achte Tag steht für den Neuanfang.

Betrachtet man die Anzeigetafel, die die Ausgrabungen erklärt, kann man unschwer das ursprüngliche „Haus des Petrus" ausmachen. Dieses war auch für die franziskanischen Archäologen leicht zu identifizieren, denn an den Wänden des Hauses fanden sich mehr als hundert Einritzungen. Manchmal war es nur ein schlichtes „P" für Petrus, dann waren es wieder liturgische Worte wie „Herr, erbarme dich" in Griechisch, Lateinisch, Aramäisch und Syrisch. Und einige Male waren Fische in das Mauerwerk geritzt. Der Fisch, griechisch „Ichthys", zählt zu den ältesten Glaubensbekenntnissen der Christenheit und war ein Geheimzeichen der im Römischen Reich verfolgten Christen. Entziffert man das griechische Akronym, so ergibt sich daraus: „Iesous Christos, Theou Yios, Soter." – „Jesus Christus, Gottes Sohn, der Retter." Um diese frühchristliche Stätte, die jahrzehntelang dem Verfall preisgegeben war, zu konservieren, errichteten die Franziskaner in den 1980er-Jahren eine Kirche über dem Petrushaus. Sie soll – der See, an dem Petrus gefischt hat, ist einen Steinwurf entfernt – an ein Schiff erinnern. Manche Besucher sehen darin allerdings eher eine Markthalle. Ein Pilger bezeichnete die Kirche einmal sogar als überdimensionales UFO. Wie immer man den Bau interpretiert: Dieser Ort hätte eine wahrlich sensiblere Architektur verdient.

Ein Sakrileg am heiligen Ort

Jesus lehrte im Tempel von Jerusalem und er „reinigte" ihn. Das war für das religiöse Establishment zu provokant und führte zu seiner Verurteilung und zum Tod am Kreuz.

Der Jerusalemer Tempel war den Juden alles: Ort der Verehrung Gottes, Oberster Gerichtshof, einziger Opferplatz der Juden für den Herrn, Zentrum zur Beobachtung des Mondes, um den Kalender richtig erstellen zu können, Kopieranstalt für die Heiligen Schriften, ein enormer Wirtschaftsfaktor, Sitz der Hohen Schulen pharisäischer Prägung und: Er war eine an Größe und Pracht in der gesamten römischen Welt kaum zu überbietende Anlage. Errichtet war der Tempel von Herodes dem Großen (73–4 v. Chr.) worden, der von seinen Untertanen nicht besonders geschätzt wurde. Mit dem Bau wollte er sich bei den Juden beliebt machen, indem er sich zum neuen König Salomon stilisierte. Dieser hatte an derselben Stelle, aber viel kleiner und 1000 Jahre zuvor, den ersten Tempel für seinen Gott errichten lassen. Doch das Volk blieb skeptisch. Es hatte Angst, Herodes könnte den noch bestehenden Tempel niederreißen und keinen neuen errichten. Um dem Vorwurf zu begegnen, ließ Herodes – so berichtet es der jüdisch-römische Historiker Flavius Josephus – tausend Priester zu Steinmetzen ausbilden, damit das Allerheiligste ja nicht von unreinen Händen berührt werde.

Insgesamt umbaute Herodes ein Areal von 144.000 Quadratmetern, ein Vielfaches der Zahl zwölf, die in der jüdischen Tradition eine Zahl der Fülle und Unendlichkeit darstellt. Allein damit wollte er seine eigene Größe und die seines Vorhabens beweisen. Das ganze Areal war mit Steinplatten unterschiedlicher Farben gepflastert und im Westen, Norden und Osten von 15 Meter hohen und 15 Meter tiefen Säulenhallen umgeben, deren Dachkonstruktion aus edlem Zedernholz gefertigt war. Die südliche Umfassung bestand aus der „königlichen Halle", die 185 Meter lang, 30 Meter hoch und 35 Meter breit war. Hier hatten die Viehhändler und auch die Geldwechsler ihren Platz.

Im Nordwesten des Tempelplatzes ließ Herodes die Festung Antonia erbauen, von der aus er den gesamten Tempelbezirk kontrollieren konnte. Hier soll, einer nicht gesicherten Tradition nach, auch der Prozess gegen Jesus stattgefunden haben. Die „Antonia" wurde beim Aufstand der Juden gegen die Römer (66–70 n. Chr.) ebenso zerstört wie der Tempel selbst. Von ihm ist nur die westliche Begrenzungsmauer, die sogenannte „Klagemauer", erhalten geblieben. Der Tempel war in konzentrischen Höfen angelegt. Der äußerste war jener der Heiden, es folgten zum Allerheiligsten hin jener der Frauen, der der Männer und der der Priester. Das Zentrum bildete das Heilig-

MEIN GELOBTES LAND 95

Die Westmauer des von den Römern zerstörten Jerusalemer Tempels ist der heiligste Ort im Judentum

Der Tempelberg

Der Juden und Muslimen heilige Tempelberg in Jerusalem ist einer der religiös umkämpftesten Orte der Welt. Wo sich einst der jüdische Tempel erhob, stehen heute in Erinnerung an die Himmelfahrt des Propheten Mohammed die Al-Aqsa-Moschee und der ebenfalls islamische Felsendom. Geblieben ist den Juden vom Tempel nur die westliche Begrenzungsmauer.

Dieser Tempel war Jesus vertraut: Erstmals war er im Alter von 40 Tagen dort. Maria war der Vorschrift gefolgt, sich nach der Geburt eines Buben zu „reinigen". Zudem musste sie Jesus, der wie jeder Erstgeborene als Gottes Eigentum galt, im Tempel „darstellen" und durch ein Geldopfer auslösen. Später hören wir noch einmal vom 12-Jährigen im Tempel. Über die folgenden knapp 20 Jahre verlieren die Evangelisten aber kein Wort. Im Prozess gegen ihn antwortet Jesus dem Hohepriester Hannas auf die Frage nach seiner Lehre: „Ich habe immer in der Synagoge und im Tempel gelehrt, wo alle Juden zusammenkommen." So beschützt er die Ehebrecherin im Tempel, die nach dem Gebot des Moses gesteinigt hätte werden sollen. Er rettet sie, indem er die Pharisäer mit dem Satz angreift: „Wer von euch ohne Sünde ist, werfe als Erster einen Stein auf sie!" (Joh 8,1). Und auch das Lob Jesu auf die arme Witwe, die in den Opferkasten die kleinste aller Münzen warf, spielt im Tempel. Am Beispiel dieser Frau, „die kaum das Nötigste zum Leben hat", kritisiert er reiche Mitbürger, die von dem vielen, das sie besitzen, nur einen kleinen Teil geben.

Mit der „Reinigung" des Tempels begeht Jesus eine unerhörte Provokation, sodass der Hoherat seinen Tod fordert (Mt 21,12 ff). „Jesus ging in den Tempel und trieb alle Händler und Käufer aus dem Tempel hinaus; er stieß die Tische der Geldwechsler und Taubenhändler um und sagte zu ihnen: Es steht geschrieben: Mein Haus soll ein Haus des Gebetes genannt werden. Ihr aber macht daraus eine Räuberhöhle." Darauf riefen die Kinder, die im Tempel waren: „Hosanna dem Sohn Davids". Als sich die Schriftgelehrten über diese messianische Zuschreibung ärgerten, die Jesus sich gefallen ließ, antwortete dieser mit einem Vers aus dem Psalm 8: „Aus dem Mund der Kinder und Säuglinge schaffst du dir Lob!"

Die Kritik Jesu an den Zuständen im Tempel war prinzipiell berechtigt, denn die Preise für die Opfertiere waren überhöht. So wurde für eine Taube zuweilen der Preis eines Gold-Denars verlangt. Auch der Wechsel von römischen Münzen, die das Porträt des Kaisers zeigten und somit rituell nicht rein waren, in den angeblich koscheren tyrenischen Schekel für den Gebrauch im Tempel war sehr fragwürdig. Denn auch diese Münze aus Tyrus zierte eine Figur: die des Gottes Melkart, einer Variante des Gottes Baal, den der Prophet Elias bereits im neunten Jahrhundert vor Christus bekämpft hatte.

Das massive Auftreten eines formal nicht gebildeten Mannes aus dem „heidnischen Galiläa", sein messianisches Selbstbewusstsein und die fundamentale Kritik am religiösen Establishment machten die Mitglieder des Hoherats ängstlich und verärgerte sie. Ängstlich, da sie es waren, die gegenüber den Römern für Ruhe und Sicherheit verantwortlich waren; verärgert, da sie ihre Autorität untergraben sahen. So gab es nur eine Konsequenz, die der Hohepriester Kajaphas ausspricht: „Es ist besser, wenn ein einziger Mensch für das Volk stirbt, als wenn das ganze Volk zugrunde geht."

tum, das über 40 Meter hoch gewesen sein soll und sich in Vorhof, Haupthalle und Allerheiligstes unterteilte. Um zu verhindern, dass sich auf dem Dach Tauben niederließen und den heiligen Ort verunreinigten, ließ Herodes dieses mit goldenen „Nadeln" bestücken. In der Haupthalle des Heiligtums standen der siebenarmige Leuchter aus Gold, der Tisch für die Schau-Brote und der Räucheraltar. Das Allerheiligste war von einem 24 Meter hohen prächtigen Vorhang abgetrennt, der in Babylon gefertigt und in den Farben Blau (Luft), Scharlach (Feuer), Linnen (Erde), Purpur (Meer) und mit Goldfäden gewoben gewesen sein soll. Er soll das Firmament und damit die kosmische Dimension Gottes symbolisiert haben. Das Allerheiligste war an den Innenwänden geschmückt, aber leer. Gottes Allgegenwart ließ sich in keine Symbole fassen.

Jedes Jahr am Vorabend des jüdischen Pessach pilgern die Samaritaner auf ihren heiligen Berg Garizim, wo sie im Gedenken an Israels Auszug aus Ägypten Lämmer opfern.

Das Brot des Lebens

Jesus, das Osterlamm. Das ist ein vielen Menschen geläufiges, liebliches Bild, das nur allzu leicht die radikale Botschaft des Opfertodes verdeckt.

Es sind nur wenige Touristen, die sich nach Nablus, einem der Zentren des Westjordanlandes, verirren, von wo die Straße steil auf den Berg Garizim hinaufführt. Oben im Dorf Kiryat Luza kann man bei den Samaritanern einmal im Jahr erleben, was die Juden seit der Zerstörung ihres Tempels im Jahre 70 n. Chr. nicht mehr feiern: ein Pessachfest, für das Lämmer geschlachtet werden. Männlich müssen diese sein, ein Jahr alt und makellos.

Die in weißen Hosen und Jacken gekleideten Männer führen die Tiere auf den Schlachtplatz, nachdem sie diese mit einem Schlag ins Genick leicht betäubt haben. „Er tat seinen Mund nicht auf wie ein Lamm, das zum Schlachten geführt wird, und wie ein Schaf, das vor seinem Scherer verstummt ist." Dieser Vers des Propheten Jesaja (53,7), der von den Kirchen häufig auf Christus und dessen Kraft, sich dem Willen des Vaters zu unterwerfen, hin interpretiert wird, hat hier auf dem 881 Meter hohen Berg bei den Samaritanern eine reale Entsprechung.

Die Samaritaner, bekannt vom jesuanischen Gleichnis des „barmherzigen Samariters", sind heute eine mit weniger als tausend Mitgliedern vom Aussterben bedrohte Religion. Dem Judentum verwandt, unterscheiden sie sich von diesem dadurch, dass sie nur die fünf Bücher Mose, nicht aber die übrigen Schriften des Alten Testaments als heiliges Wort Gottes anerkennen.

Die Tiere zwischen die Knie geklemmt, warten die Schlächter auf ein Zeichen des Hohepriesters. Dann durchtrennen sie die Kehlen der Lämmer mit einem einzigen Schnitt – nicht eines blökt. Das Blut, der „Saft des von Gott gegebenen Lebens", versickert in die Erde und rinnt somit zurück in dessen Schöpfung. Nur einen Finger benetzen die Samaritaner mit Blut und bezeichnen damit ihre Stirn. Es ist dies ein Zeichen der Erinnerung, denn am Blut hat Gott die Kinder Israels erkannt und sie verschont, während er die Erstgeborenen Ägyptens – die unter den Menschen und beim Vieh – getötet hat. Danach hat der Pharao dem Auszug der Israeliten zugestimmt.

In Erinnerung an das Ende der Knechtschaft in Ägypten feiern auch die Juden Pessach, wenngleich auch unblutig. Für sie ist es ein Fest der Freiheit und der Mittelpunkt des religiösen und nationalen Bewusstseins. Viele Jahrhunderte war es nur ein Fest der Hoffnung, seit 1948, dem Jahr der Staatsgründung Israels, ist es für religiöse Juden ein Zeichen, dass Gott seine Versprechen einlöst.

Für säkulare Israelis ist der junge Staat hingegen ein Symbol des unbeugsamen jüdischen Willens, Ideen auch wider alle Vernunft zu verfolgen. Als Zeichen dieser unbeirrbaren Beharrlichkeit liegt am Sederabend, der den Höhepunkt des einwöchigen Pessachfestes bildet, ein Ei auf dem Festtisch. Israel Lau, ehemaliger Oberrabbiner Israels, erklärt: „So wie ein Ei immer härter wird, je länger man es kocht, so ist es auch mit dem Volk Israel. Je mehr es strengen Prüfungen unterworfen wird, desto härter und stärker wird es."

Bei diesem Sedermahl werden neben Lamm und Ei zur Erinnerung an die Fronarbeit in Ägypten auch noch bittere Kräuter gereicht. Auch steht Charosset, eine halbflüssige Mischung aus Nüssen, Äpfeln, Datteln, Gewürzen und Wein, auf dem Tisch. In der Farbe ist es bräunlich und soll an den Ton erinnern, aus dem die Israeliten in Ägypten die Lehmziegel hergestellt haben. Dazu gibt es Mazzen, ungesäuerte Brote. Israel musste so rasch aufbrechen, dass keine Zeit war zu warten, bis der Teig „aufgegangen" war.

„In Eile" verzehren auch die Samaritaner in Kiryat Luza ihre Lämmer. Wenn diese nach mehreren Stunden in verschlossenen Erdgruben fertig gegart sind, zerteilen sie diese und schlingen das Fleisch hinunter. Dabei sitzen sie nicht, sondern stehen

APA/AFP/MENAHEM KAHANA

Während die über 2000 Jahre alte, aus dem Volk Israel hervorgegangene Religionsgemeinschaft der Samaritaner noch am blutigen Tieropfer festhält, ist ein trockener Knochen auf dem Festtagsteller das einzige Relikt, das davon im Judentum übriggeblieben ist. Zu Pessach nicht fehlen dürfen die ungesäuerten Brote, die so genannten Mazzen.

um den Festtisch, um symbolisch rasch aus Ägypten flüchten zu können. Viele lehnen sich auf einen Wanderstab – wohl, um sich im Alter zu stützen, aber auch, um den beschwerlichen Weg, der ihre Vorfahren vierzig Jahre durch die Wüste geführt hat, anzudeuten.

Beim jüdischen Seder werden jedem Gast am Tisch vier Becher Wein gereicht, wobei fünf eingeschenkt werden. Letzterer ist für den Propheten Elias bestimmt, der an diesem Tag mit der Botschaft vom Kommen des Messias erwartet wird. Damit er der Festgemeinde möglichst rasch die Botschaft der Erlösung bringen kann, lässt man die Tür zum Speisezimmer einen Spalt offen und stellt ihm einen Stuhl an den Tisch. Elias soll willkommen sein, mitfeiern, mittrinken. Er übernimmt damit als Ankünder des kommenden Messias jene Rolle, die Johannes der Täufer bei Jesus erfüllt.

Den Sederabend, dieses zentrale Fest der Freiheit, an dem die Fesseln der Gefangenschaft gelöst wurden, wählte Jesus, um mit seinen Jüngern das Letzte Abendmahl zu feiern. Diesen Abend voller Symbole bereichert er mit einem weiteren Zeichen: Er wäscht seinen Jüngern die Füße. Diese rituelle Handlung hatte im Wüstenstaub des Orients zunächst eine bloß hygienische Bedeutung. Immer aber war sie Zeichen der Gastfreundschaft, wobei der Gastgeber nur die Wasserschüssel gereicht hat. Im Johannesevangelium (13, 1–20), wo die Fußwaschung ausführlich geschildert wird, hat sie geradezu programmatischen Charakter, wenn Jesus seine Jünger fragt: „Versteht ihr, was ich euch getan habe?" Viele Theologen sehen darin die Hauptaufgabe des Christentums in Frageform beschrieben: nämlich einander zu dienen und füreinander da zu sein.

Die Gefangennahme Jesu ist nahe. Und damit sein Tod und die Situation, dass die Jünger fortan sich selbst überlassen sein werden. Um ihnen eine Erinnerung an die letzte Mahlgemeinschaft zu hinterlassen, nimmt Jesus Brot und einen der vier Sederbecher mit Wein und sagt: „Ich habe mich sehr danach gesehnt, vor meinem Leiden dieses Paschamahl mit euch zu essen ... Und er nahm Brot, sprach das Dankgebet, brach das Brot und reichte es ihnen mit den Worten: Das ist mein Leib, der für euch hingegeben wird. Tut dies zu meinem Gedächtnis. Ebenso nahm er nach dem Mahl den Kelch und sagte: Dieser Kelch ist der Neue Bund in meinem

Blut, das für euch vergossen wird" (Lk 22, 19–20).

Mit diesen Worten hat Jesus die Eucharistie eingesetzt und er hat Pessach, dem Fest der Freiheit, einen ganz neuen Sinn gegeben, indem er durch seinen Tod einen radikal neuen Geist einfordert. Einen, der „im Gedächtnis an ihn" von der Liebe zu den Menschen, der Nächsten- und der Feindesliebe geprägt ist.

Nach dem Lobgesang gingen sie zum Ölberg hinaus" (Mk 14,26). Dort sollte Judas schließlich Jesus ausliefern. 30 Silberlinge, so steht es im Evangelium des Matthäus (27, 3 ff), habe er für den Verrat erhalten. War dies viel? War Judas also geschäftstüchtig? Oder war dies wenig? Hat er einen billigen Verrat betrieben? Der Gegenwert dieser Summe ist umstritten, und tatsächlich findet man bei einigen Historikern Belege dafür, dass sich Judas dafür bloß einen Esel hätte kaufen können. Andere hingegen behaupten, dass dieser Betrag – an heutigen Maßstäben gemessen – dem Wert eines Kleinwagens entsprochen habe.

Egal ob Esel oder vielleicht doch deutlich mehr – die Frage ist obsolet, weil es dem Evangelisten nicht um einen Wert an sich ging, sondern um die Rückbindung an die Schriften des Tanach, des Alten Testaments. Dort heißt es beim Propheten Sacharja (11, 12–13): „Ich sagte zu ihnen: Wenn es recht ist in euren Augen, so bringt mir meinen Lohn, wenn aber nicht, so lasst es! Da wogen sie mir meinen Lohn ab, dreißig Silberstücke. Da sagte der Herr zu mir: Wirf ihn dem Schmelzer hin, den wertvollen Preis, den ich ihnen wert bin. Und ich nahm die dreißig Silberstücke und warf sie im Haus des Herrn dem Schmelzer hin." Auch Judas wird später seinen Lohn in den Tempel werfen.

Mit dieser Textstelle aus dem Jahr 520 v. Chr. wird beklagt, dass die Israeliten Gott missachteten. Zugleich werden die Amtsträger am Tempel beschuldigt, ihr Amt zu missbrauchen und die Masse verarmter Menschen wie „Schlachtschafe" an skrupellose Reiche zu verkaufen.

Der Evangelist Matthäus, dessen Leserschaft eine jüdische war, wollte mit dieser und vielen weiteren Anspielungen auf die hebräische Bibel belegen: Jesus sei der Erbe Abrahams, der verheißene Messias Israels. Da die Juden Jesus nicht als Messias anerkannt hätten, sei nun die frühe Kirche an die Stelle des Judentums getreten. Israel sei fortan das alte, von Gott verlassene Volk, dem Christentum gelte nun Gottes ganze Liebe. Daraus entsteht eine antijüdische Tendenz. Schon beim Evangelisten Johannes, der seinen Text um 110 n. Chr. verfasste, ist eine solche erkennbar, wenn es dort – und ausschließlich in diesem einen Evangelium – heißt: Judas war ein Dieb, er hatte die Kasse veruntreut.

Was von der Judas-Geschichte bleibt, ist zunächst einmal seine Geldgier. Diese wird über die Namensähnlichkeit „Judas – Jude" über die Jahrhunderte dem gesamten Volk der Juden zugeschrieben.

Und es bleibt der Verrat. Amos Oz (1939–2018), einer der bekanntesten Literaten Israels, lässt in seinem „Judas" (2015) eine Hauptperson sagen: „In allen Sprachen, die ich kenne, und auch in denen, die ich nicht kenne, wurde Judas zu einem Synonym für Verräter." Das ist für die abendländische Literatur ebenso belegbar wie für die Malerei: So sitzt Judas auch beim „Letzten Abendmahl" von Leonardo da Vinci (1497) abseits. Er hat als Einziger rotes Haar und eine Hakennase, obwohl alle dargestellten Personen, Jesus eingeschlos-

sen, Juden sind. Sein Blick ist von Verschlagenheit und Abschätzigkeit geprägt. Die Botschaft ist einfach: Judas steht für Verrat, Untreue, Denunziation und Überläufertum.

Judas wird aus christlicher Sicht zur Personifikation der Niedertracht, es gibt niemanden, der böser wäre als er – und mit ihm das gesamte Volk der Juden. Abgründige Fantasien wurden auf diese Gestalt projiziert. Obwohl es im Matthäusevangelium (27, 5) heißt, Judas habe sich erhängt, schildert Bischof Papias von Hierapolis dessen Tod schon um das Jahr 130 besonders abstoßend: „Als hervorragendes Beispiel von Gottlosigkeit wandelte Judas in dieser Welt. Es gingen aus dem ganzen Körper Eiterteile und Würmer ab ... Als er dann nach vielen Qualen und Strafen an privatem Orte gestorben war, ist der Ort von dem Geruch bis jetzt unbewohnt gewesen; ja es kann bis zum heutigen Tag keiner an der Stelle vorübergehen, ohne sich die Nase mit den Händen zuzuhalten."

Viele Jahrhunderte haben die Kirchen die Vorstellung gepflogen, dass Jesus nur durch den Verrat des Judas den Kreuzestod habe erleiden müssen. Heute gehen Theologen und Bischöfe davon aus, dass Jesus freiwillig in den Tod gegangen ist. Das Kreuz als der letzte Akt in der Auseinandersetzung zwischen seinen jüdischen Gegnern und ihm und als Ausdruck seines Urvertrauens in Gott, den er seinen Vater nennen und von dem er sich in jeder Situation gehalten wissen darf.

Was aber ist mit dem Kuss des Judas, mit dem er Jesus bezeichnete? Er ist seit Alters her ein Symbol des Todes. Schon über das Ende des Moses steht geschrieben: „Da küsste ihn der Heilige und nahm seine Seele durch den Kuss des Mundes weg." Der Judaskuss kündigt somit symbolisch den nahen Tod Jesu an.

Der Blutacker

Am Anfang steht ein todbringender Kuss. „Akeldamach", auf deutsch „Blutacker", ist der Name des von Steinen übersäten, hier in einer kolorierten Archivaufnahme aus den 1920er-Jahren zu sehenden Feldes südlich von Jerusalem, das der biblischen Überlieferung nach mit den 30 Silberlingen gekauft wurde, die Judas Iskariot von den Hohepriestern und Ältesten für seinen Verrat an Jesus erhielt.

Die Ölbäume, die heute im Garten Gethsemani stehen, wurden im 12. Jahrhundert gepflanzt, fanden Forscher heraus.

Die alten Bäume
von Gethsemani

Jesus hat in der Nacht, da er verraten wurde, an keinem der Bäume gebetet, die heute im Garten Gethsemani stehen. Dennoch ist hier einer der heiligsten Orte des Christentums.

Die beliebtesten unter den Reiseleitern Jerusalems sind jene, die unter den acht alten Olivenbäumen den allerknorrigsten aussuchen, auf ihn deuten und den Reiseteilnehmern erklären: „An diesem Baum hat Jesus gebetet, während dort hinten im Garten Gethsemani Petrus, Jakobus und Johannes geschlafen haben. Hier flehte der Herr angesichts seines nahen Todes Gott an: ‚Mein Vater, wenn es möglich ist, gehe dieser Kelch an mir vorüber. Aber nicht wie ich will, sondern wie du willst.'"

Tief berührt vom Alter der Bäume quittieren die Zuhörer die Ausführungen meist mit einem ehrfurchtsvollen Nicken, schließen die Augen und sehen Jesus in seiner Todesangst vor dem Baum knien, vor dem sie gerade selber stehen. Dabei verschwenden sie keinen Gedanken daran, ob dieser tatsächlich biblisches Alter haben kann.

Diese Unmittelbarkeit des Ortes werden die Reisenden nicht so rasch vergessen, und egal, ob sie aus Braunschweig, Toronto oder Sinabelkirchen kommen, sie werden sich immer daran erinnern, genau an dem Baum gestanden zu sein, an dem Jesus vor 2000 Jahren unmittelbar vor seiner Verhaftung gebetet hat. In den nächsten Jahren wird sich an jedem Gründonnerstag eine intensive Erinnerung daran einstellen.

Diese Unmittelbarkeit des Erlebens ist in Jerusalem eine Seltenheit. Denn in der Stadt Davids, die in ihrer mehr als 3000-jährigen Geschichte 17-mal zerstört und einmal mehr wieder aufgebaut wurde und deren Straßenniveau heute mehrere Meter höher liegt als zur Zeit Jesu, ist solch ein authentischer Ort eine echte Rarität.

Neben den beliebten Reiseleitern gibt es aber auch gut informierte. Sie erzählen nicht, was ihr Publikum zu seiner seelischen Erbauung hören will, sondern legen historische Fakten dar. Diese lauten: Der Ort, jenseits des Baches Kidron am Fuße des Ölbergs, trägt seit Jahrtausenden die aramäische Bezeichnung Gath Schemanim (Ölpresse), eben Gethsemani. Es ist, daran kann es keinen Zweifel geben, jene Stelle, an die sich Jesus nach dem Letzten Abendmahl zurückzog. Nur mit dem alten Olivenbaum hapert es. Tatsächlich ist es schwer, das

Alter von Ölbäumen zu bestimmen, denn in Regionen mit ganzjähriger Vegetationsdauer sind Jahresringe gar nicht oder nur sehr schlecht ausgebildet.

Der Grund, warum die Bäume dennoch nicht aus der Zeit Jesu stammen können, liegt im Jahre 70 n. Chr. Es war jenes vierte Jahr, in dem der Aufstand der Juden gegen Rom wütete und die Weltmacht die Stadt Jerusalem belagerte. Um nun ausreichend Wurfmaschinen, Rammböcke, Katapulte und Türme fertigen zu können und auch, um Brennholz zu haben, ließ der spätere Kaiser Titus alle Bäume in der Umgebung von Jerusalem fällen. Warum also sollte er ausgerechnet jene Bäume verschonen, die in dem Garten Gethsemani nahe der Stadt gewachsen sind und für seine Soldaten leicht erreichbar waren? Es gab keinen Grund.

Die Frage, wie alt die knorrigen Bäume im Garten tatsächlich sind, beschäftigt nicht nur Reiseleiter und fromme Pilger, sondern auch Frater Raed Abusalia, Palästinenser, katholischer Priester und Direktor der Caritas in Jerusalem. Er beauftragte das Laboratorio di Dendracronologia in San Michele all'Adige in Italien, das Alter der acht ältesten Bäume des Gartens zu bestimmen. Dies erwies sich als sehr aufwendig und glückte nur bei drei von acht Bäumen, aber mittels der

Olivenernte heute und eine historische Aufnahme des Gartens, in dem Jesus verhaftet worden war. Während der Belagerung der Stadt Jerusalem durch die Römer im Jahr 70 n. Chr. wurden die Gärten verwüstet, das Holz wurde für Wurfmaschinen und als Brennholz verwertet.

Radiocarbonmethode fand der Forscher Mauro Bernabei heraus, „dass diese alle gleich alt sind und im 12. Jahrhundert an dem Ort gepflanzt wurden".

Damals waren die Kreuzfahrer im Land, die den offenbar verwüsteten Ort im Kidrontal wieder zu dem machen wollten, was er laut biblischem Bericht einmal gewesen war: ein mit Ölbäumen bestandener Garten.

Am Gründonnerstag, an dem neben dem Letzten Abendmahl auch der Gefangennahme Jesu gedacht wird, konzentriert sich der Blick auf den Garten am Fuße des Ölbergs. Und doch vereint dieser Hügel im Osten Jerusalems noch zahlreiche weitere christliche Traditionen: Hier lehrte Jesus seine Jünger das Vaterunser. Daran erinnern uns heute die von Kaiserin Helena errichtete Eleona-Kirche und ein Kreuzgang mit dem Gebetstext in verschiedenen Sprachen. Am Ölberg weint Jesus über die Stadt Jerusalem (Lk 13,34) und er erweckt in Bethanien seinen Freund Lazarus von den Toten. Und oben auf dem Kamm des Berges fährt Jesus auch in den Himmel auf. Über diesem Ort wurde allerdings keine Kapelle, sondern ein moslemischer Sakralbau errichtet. Dieser hat in der Kuppel eine Öffnung, denn „sonst hätte ja Jesus von hier nicht in den Himmel auffahren können", erklärt ein alter Moslem, dem man für so eine geradezu liebenswerte Erklärung gerne einen Euro in die Hand drückt.

Die freudigste Tradition ist mit dem Palmsonntag verbunden, wenn Jesus auf einem Esel reitend in Jerusalem einzieht. Das oft störrische Tier ist zwar ein Zeichen der Demut und Bescheidenheit, aber dennoch ein königliches Reittier. So heißt es beim Propheten Sacharja: „Juble laut, Tochter Zion! Jauchze, Tochter Jerusalem! Siehe, dein König kommt zu dir. Er ist gerecht und hilft. Er ist demütig und reitet auf einem Esel, auf einem Fohlen, dem Jungen einer Eselin … Er verkündet für die Völker den Frieden, seine Herrschaft reicht von Meer zu Meer!"

„Mir macht es nichts, **Verräter** genannt zu werden"

Er war einer der größten Schriftsteller Israels. In einem bisher unveröffentlichten Interview spricht Amos Oz über Jesus von Nazareth und Judas, der ihn verriet.

Während der Kämpfe des Jahres 1948 in Jerusalem haben Sie Ihre Tante gefragt: „Wer war Jesus"? Wie kommt ein neunjähriger jüdischer Bub auf die Idee, in dieser schwierigen Situation über Jesus nachzudenken?
AMOS OZ: Das hat mit zwei wunderbaren Missionarinnen aus Finnland zu tun, die in unserer Nachbarschaft gelebt haben. Sie halfen während der jordanischen Belagerung Jerusalems mit Medizin und Lebensmitteln. Das war wahrscheinlich der Grund für meine Neugier. Diese Damen haben mich wirklich beeindruckt, und ich bin viele Jahre später sogar bis nach Finnland gefahren, um sie wiederzusehen. In jüdischen Schulen in Israel wird das Neue Testament nicht gelehrt, was ich für eine Schande halte. Natürlich habe ich Kir-

Amos Oz

1939 als Amos Klausner in Jerusalem geboren, wo er auch aufwuchs. 1954 trat er dem Kibbuz Hulda bei und nahm den hebräischen Namen Oz (dt. „Kraft", „Stärke") an. Studium der Literatur und Philosophie. Teilnahme am Sechstagekrieg 1967 und dem Jom-Kippur-Krieg 1973. Der Autor zahlreicher Romane und Friedensaktivist erlag Ende 2018 im Alter von 79 Jahren einem Krebsleiden.

chenglocken gehört und ich habe vom Christentum gehört, aber ich wusste wenig davon. Mit 15 begann ich, Teile des Neuen Testaments zu lesen. Und warum? Weil ich nicht sehr gut Basketball spielen konnte. Während also die anderen Kinder Basketball spielten, ging ich in den Leseraum. Mir wurde klar, dass ich europäische Kunst, die Musik von Bach oder die Romane Dostojewskis nicht verstehen könnte, wenn ich keine Ahnung vom Neuen Testament hätte. So habe ich mich hingesetzt und habe es auf Hebräisch gelesen. Es war eine faszinierende Erfahrung, spät am Abend ganz allein im Lesesaal des Kibbuz zu sitzen und Seite für Seite das Neue Testament zu lesen, Evangelium nach Evangelium, das Ganze.

Sie haben Bach und Dostojewski erwähnt. 15 ist sonst nicht das Alter für solche Interessen.
Ich sagte Ihnen ja, ich war nicht sehr gut im Basketball, ich hatte wenig Glück mit Mädchen, also las ich und hörte Musik.

Hat Sie auch Ihr Großonkel, Rabbi Joseph Klausner, beeinflusst?
Klausner schrieb in den Zwanzigerjahren des vorigen Jahrhunderts ein mutiges Buch, das einen ziemlichen Sturm der Entrüstung unter Christen und Juden ausgelöst hat. Eigentlich waren es zwei Bücher: „Jesus von Nazareth" und „Von Jesus zu Paulus". Diese Bücher wurden in viele Sprachen übersetzt und verärgerten traditionelle Juden und Christen extrem. Klausner präsentiert Jesus als den Sohn von Menschen, nicht Gottes. Er besteht darauf, dass Jesus als Jude zur Welt kam und starb. Er war ein sehr provokanter Jude, aber ein Jude. Es kam ihm nie in den Sinn, eine neue Religion zu gründen. Das Christentum, schrieb Klausner, ist die Erfindung von Paulus und nicht von Jesus. Deshalb waren viele Christen wütend auf Klausner, weil er ihn als Reformer und Rebellen darstellte. Viele Juden waren wütend auf ihn, weil er Jesus als einen der größten Juden darstellte, die jemals gelebt haben.

Klausner also brachte Jesus zurück ins Judentum, aus dem ihn Christen wie Juden zu entfernen versucht hatten, kann man das so sagen?
Es gab auch andere europäische Gelehrte, die ähnliche Thesen im frühen 19. Jahrhundert vertraten, aber Klausner war der deutlichste von ihnen. Ich erinnere mich lebhaft daran – ich war wahrscheinlich neun Jahre alt –, dass Klausner sagte, Jesus hat sich nie bekreuzigt, warum hätte er es tun sollen? Er sagte, Jesus hat nie eine Kirche betreten, ist aber oft in Synagogen gegangen und hat dort sogar Skandale provoziert. Er hat auch nie den Sonntag gefeiert. Was für ein Christ soll Jesus also gewesen sein, wenn er sich nie bekreuzigt, nie in die Kirche geht und nie den Sonntag feiert? Das habe ich mir gut gemerkt.

Sie haben einen Roman über Judas geschrieben. Ihr Judas liebt Jesus sehr. Wie geht das zusammen mit seinem Verrat?
Als ich mit 15 Jahren das Neue Testament zum ersten Mal las, über den berühmtesten Kuss der Weltgeschichte – berühmter als der zwischen Romeo und Julia –, über den Verrat und die 30 Silberlinge, hat mich die Geschichte geärgert. Nicht als Jude oder aus chauvinistischen Gründen. Ich habe mich ein bisschen als Detektiv betätigt und herausgefunden, wie viel diese 30 Silberlinge wert waren. Google hat es damals noch nicht gegeben, aber ich fand heraus, dass der Wert ungefähr 600 Euro betrug. Das ist eine hübsche Summe Geldes, aber Judas war ein reicher Mann, ein Landbesitzer. Er war kein armer Fischer aus Galiläa. Warum sollte er seinen Meister, seinen Lehrer, seinen Gott um 600 Euro verkaufen? Und warum sollte er sich unmittelbar darauf erhängen? Und dann war da noch folgende Frage: Wer hatte es nötig, Judas auch nur ein Silberstück zu zahlen, auch nur 50 Cents, damit er Jesus küsst und so jenen Leuten gegenüber zu identifizieren, die gekommen waren, ihn zu verhaften? Alle Juden kannten Jesus, und Jesus hat auch gar nicht versucht, davonzulaufen oder seine Identität zu verhehlen. Er hat nie gesagt, Ihr irrt euch, ich bin nicht Jesus, ich bin Berlusconi. Warum also die 30 Silberlinge, warum der Kuss, warum die ganze Geschichte, die das Tschernobyl von 2000 Jahren Antisemitismus ist, weil für Millionen von Generationen Judas der Jude ist. Ich kann mir vorstellen, dass ein dreijähriges Kind, das zum ersten Mal von seinen Eltern oder Großeltern die Geschichte hört, Schwierigkeiten

Was man von Amos Oz gelesen haben muss

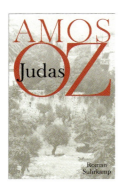

Judas
In seinem letzten Roman erzählt Amos Oz – eingebettet in eine Liebesgeschichte im Winter 1959/60 – vom Verrat, den Judas aus übergroßer Liebe zu Jesus beging.

Eine Geschichte von Liebe und Finsternis
Das persönlichste Buch von Amos Oz über die Tragödie seiner Familie ist zugleich eine Geschichte Jerusalems in den 1940er-Jahren.

Wo die Schakale heulen
Mit diesen acht Erzählungen, die den Mikrokosmos des Kibbuz schildern, debütierte Amos Oz im Jahr 1965 als Schriftsteller.

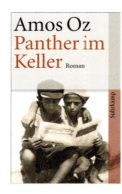

Panther im Keller
Kann sich auch der Feind als mitfühlender Mensch erweisen? Oz erzählt auf eindringliche Weise von der britischen Mandatszeit in Palästina.

Der Blick von Oz' Wohnung über das endlose weiße Häusermeer von Tel Aviv.

hat zu unterscheiden zwischen „Jude" und „Judas". Wenn ich mir die antisemitischen Karikaturen im „Stürmer" ansehe, so sind die nichts Neues. Die Figur im „Stürmer" geht direkt auf die Kunst der Renaissance zurück. Schauen Sie sich Judas an und Sie sehen einen „Stürmer"-Juden.

Wie haben die Leser in Israel auf das Buch reagiert?
Einige waren fasziniert, andere sehr empört.

Warum empört?
Für einige Menschen hatte ich den „Erz-Teufel" rehabilitiert, weil in diesem Roman alle voller Liebe für Jesus sind. Man stimmt mit ihm überein oder ist gegen ihn, aber jeder, der über Jesus in diesem Roman spricht, spricht über ihn mit Wärme und Liebe. Das haben viele nicht geschätzt.

Sie waren in ihren Augen ein Verräter wie Judas?
Von einigen Zeitgenossen in meinem Volk Verräter genannt zu werden, ist eine Ehre. Ich bin in meinem Leben oft Verräter genannt worden, seit ich ein kleiner Bub war. Ich glaube, jene, die mich Verräter nennen, versetzen mich in eine hervorragende Gesellschaft. Wenn ich an all die Leute denke, Intellektuelle, Schriftsteller, Politiker, Staatsmänner, die von ihren Zeitgenossen Verräter genannt worden sind, so ist das eine wunderbare Liste, ein Ehrenclub. Also macht es mir nichts aus, von meinem Volk Verräter genannt zu werden.

Wenn Sie von Politikern sprechen, an wen denken Sie?
Die Liste ist sehr lang. Als Abraham Lincoln sich entschied, die schwarzen Sklaven zu befreien, nannten ihn Millionen von Amerikanern einen Verräter, kämpften gegen ihn, und einer brachte ihn um. Als Charles de Gaulle entschied, Französisch-Nordafrika die Freiheit zu geben, nannten ihn viele Franzosen Verräter. Er war mit Unterstützung der Armee und der Rechten an die Macht gekommen, die geglaubt hatten, er würde Algerien verteidigen. Er tat das Gegenteil, und sie nannten ihn einen Verräter. Die sehr mutigen deutschen Offziere, die versuchten, Hitler zu ermorden, wurden als Verräter exekutiert. Michail Gorbatschow nannten viele treue Kommunisten Verräter, als er die Sowjetunion auflöste. Anwar as-Sadat wurde von Millionen Arabern Verräter genannt. Schauen Sie auf unser Volk: David Ben-Gurion, der Gründer Israels, wurde als Verräter bezeichnet, als er der Teilung des Landes zustimmte. Yitzhak Rabin zahlte sogar mit seinem Leben. Es ist eine lange Liste, ein sehr ehrenwürdiger Club.

Arabische Christen tragen ein Kreuz in Prozession in die Grabeskirche.

Standrechtlich gekreuzigt

Der Prozess gegen Jesus war einer der folgenschwersten Justizmorde der Geschichte. Er endete mit der Kreuzigung, der grausamsten aller Todesstrafen.

APA/AFP/AHMAD GHARABLI

Die Massen laufen Jesus nach, weil er Wunder wirkt. Und selbst wenn er nur von Gott erzählt, dann tut er das „nicht wie die Pharisäer und die Schriftgelehrten, sondern wie einer, der Vollmacht hat", berichten die Evangelisten. Das irritiert das religiöse Establishment im Tempel von Jerusalem, und erst recht ärgert es sie, dass sie sich von dem namenlosen Handwerker als „Natternbrut" bezeichnen lassen müssen, während er von sich selbst in einer provokanten Überheblichkeit spricht: „Ehe Abraham ward, bin ich", oder: „Reißt den Tempel nieder, ich werde ihn in drei Tagen wieder aufbauen." Da sich dieser Jesus dann auch noch erdreistet, ihre vitalen Interessen anzugreifen, als er die Geldwechsler aus dem Tempel jagt, beschließen die Hohepriester: Der Mann muss weg. „Es ist besser, wenn einer stirbt, als das ganze Volk geht zugrunde" sagt der amtierende Hohepriester Kajaphas noch vor dem Beginn des Prozesses. Damit macht er klar: Auch wenn es noch keine Anklage gibt, so gibt es doch schon ein Urteil.

Der Hoherat mit seinen 71 Mitgliedern war aber in einer schwierigen Situation, denn den Juden stand es nicht zu, ein Todesurteil zu fällen und zu exekutieren. Dafür brauchten sie die Zustimmung Roms – im Fall Jesu ein Urteil aus der Hand des Pontius Pilatus. Als Vertreter Roms war dieser freilich nicht bereit, sich in religiöse innerjüdische Angelegenheiten einzumischen. Der Vorwurf der Gotteslästerung war für ihn noch lange kein Grund, den Mann aus Nazareth zum Tode zu verurteilen. Das wussten auch die Juden, weshalb sie Jesus nach dessen Gefangennahme zuerst zu Hannas, dem

Schwiegervater des Kajaphas, bringen ließen. Hannas sollte nun herausfinden, welches Delikt man Jesus vorwerfen konnte, das auch für eine Verurteilung durch Rom reichen würde. Hannas war nicht sehr erfolgreich. Auf die Frage nach seiner Lehre erhält er von Jesus nur die Antwort: „Ich habe offen vor aller Welt gesprochen … Nichts habe ich im Geheimen gesprochen … Frag doch die, die mich gehört haben." Die Situation war verfahren: Belastungszeugen machten „Aussagen gegen ihn, aber diese stimmten nicht überein" (Mk 14, 59) und Indizien, die die Schuld Jesu ausreichend belegen konnten, gab es nicht. Und dass sich ein Angeklagter gar selbst belasten würde, war schon gar nicht zu erwarten. Dennoch versucht es Kajaphas. Er stellt Jesus eine Frage, auf die er eigentlich keine Antwort hat erwarten dürfen: „Bist du der Messias, der Sohn des Hochgelobten?" Zu seiner Überraschung und Erleichterung antwortet Jesus: „Ich bin es." Kajaphas triumphiert: „Was brauchen wir noch Zeugen … Er ist schuldig und muss sterben."

Nun gilt es, das Urteil durch die Zustimmung von Pontius Pilatus rechtskräftig werden zu lassen. Die feindselige Stimmung zwischen dem Römer und den Hohepriestern ist von Anfang an zu spüren. Auf die Frage des Pilatus, „Welche Anklage erhebt ihr gegen diesen Menschen?", nennen sie kein Delikt, sondern sie antworten überheblich: „Wenn er kein Übeltäter wäre, hätten wir ihn dir nicht ausgeliefert." Nach geltendem Recht hätte Pilatus nun die Möglichkeit gehabt, das Urteil des Hohen Rates zu bestätigen. Er, der zu seinen Untertanen kein gutes Verhältnis hat, will ihnen diesen Triumph aber nicht gönnen. Deshalb verhandelt er selbst, befragt Jesus und unternimmt mehrfach den Versuch, den Angeklagten frei zu bekommen. Offenbar hat er eine gewisse Sympathie oder auch nur Mitleid mit Jesus. Jedenfalls bietet er den Juden an, Jesus im Rahmen einer Amnestie zum Paschafest freizulassen. Schließlich lässt er ihn geißeln, um den Klägern den geschundenen und aus allen Wunden blutenden Jesu mit dem Satz zu präsentieren: „Ecce Homo" – „Welch ein armseliger Mensch!" In diesem Aufruf schwingt mit: „Lasst diesen armen Kerl doch laufen. Von ihm geht sicher keine Opposition mehr aus und Königswürde besitzt er – so wie er zugerichtet ist – auch keine!" Aber die Juden, die im Hof des Palastes versammelt sind, wollen nur eines: die Kreuzigung. Daraufhin wäscht sich Pilatus „die Hände in Unschuld" (Mt 27,24 f.). Das ist ein aus dem Alten Testament (Dtn 21,1-9) bekannter Brauch, mit dem jemand seine Schuldlosigkeit beteuert und seine Redlichkeit zum Ausdruck bringt.

> „Eigentlich müssten wir im Glaubensbekenntnis korrekt beten: gekreuzigt durch und nicht unter Pontius Pilatus."

Aber noch immer zögert Pilatus, und es fehlt die formelle Urteilsverkündung. Die Hohepriester aber drängen, weil sie fürchten, der Römer könnte den Prozess verschleppen. Deswegen greifen sie zu einem Argument, das den Römer persönlich treffen musste. Sie drohen ihm an: „Wenn du ihn freilässt, bist du kein Freund des Kaisers mehr!". „Amicus caesaris" war eine Ehrenbezeichnung, die ausdrückte, dass ihr Träger unter dem persönlichen Schutz des Kaisers stand. Gegen diese Sonderstellung des Pilatus wollten die Juden so lange intrigieren, bis er den Titel verlor, was für diesen mit Sicherheit einen sozialen Abstieg oder gar das Ende seiner Polit-Karriere bedeutet hätte. Genau das wollte Pilatus nicht riskieren, weswegen er Jesus den Juden schließlich auslieferte „damit er gekreuzigt würde".

Der Grund für die Verurteilung durch Rom liegt sicher in der jesuanischen Selbstzuschreibung eines Königstitels: „Ich bin ein König. Ich bin dazu geboren und dazu in die Welt gekommen, dass ich für die Wahrheit Zeugnis ablege." Das reichte dem Pilatus aus, um ein Urteil zu fällen. Denn für ihn war klar: Die Königswürde für einen regionalen Klientelkönig konnte nur Rom verleihen. Und wenn jemand dieses Amt für sich selbst in Anspruch nahm, dann konnte Rom nur mit Gewalt reagieren. Freilich: Jesus hatte Pilatus zuvor klar gemacht, dass sein „Königtum nicht von dieser Welt" sei, aber das hat der Römer offenbar nicht gehört oder nicht verstanden.

Der Prozess gegen Jesus vor dem römischen Statthalter scheint gegen die römischen Prozessregeln zu verstoßen. Tatsächlich gab es keine schriftliche Anklage, keinen Verteidiger, keinen Gerichtsprotokollanten und auch keinen Dolmetscher. Auch wurden keine Entlas-

Der schmale Aufgang in der Grabeskirche zum Felsen, auf dem der Überlieferung nach das Kreuz gestanden sein soll.

Golgota

Seit 1700 Jahren verehrt die Christenheit in Jerusalem den Felsen, auf dem Jesus nach den Aussagen der Evangelisten hingerichtet worden ist. Als die Schädelstätte Golgota wurde der Ort um das Jahr 326 entdeckt. Der Fund basiert auf lokalen Überlieferungen, denen Helena, die Mutter des römischen Kaisers Konstantin, nachgegangen ist. Ihr Sohn ließ später darüber die erste Grabenskirche errichten.

tungszeugen des Angeklagten gehört. Und dennoch war es kein Justizmord, dem der Nazarener zum Opfer gefallen ist. Diese strikten Vorschriften des römischen Rechts hatten nämlich nur für Personen mit römischem Bürgerrecht gegolten. Ein solches hatte Jesus aber nicht. Deswegen können wir annehmen, dass Pilatus durch die sogenannte „cognitio extra ordinem" entschieden hat. Dies ist ein kurzes Strafverfahren, dessen Ablauf der Richter selbst bestimmen kann. Gesichert ist auf jeden Fall, dass Pilatus im Laufe des Verfahrens zu dem Schluss kam, Jesus sei zu verurteilen. Deswegen müssten wir im Glaubensbekenntnis eigentlich korrekt beten: „gekreuzigt durch" und nicht „unter Pontius Pilatus".

Das Urteil gegen Jesus von Nazareth war gesprochen. Es lautete: „Ibis ad crucem" – „Du gehst ans Kreuz." Das galt es nun umzusetzen, dafür trieb man den Verurteilten aus der Stadt hinaus. Römer exekutierten häufig an belebten Ausfahrtsstraßen, stets außerhalb der Stadtmauern und gerne auch noch auf einem Hügel. Möglichst viele Leute sollten im Sinne der Generalprävention von dem qualvollen Todeskampf des Delinquenten, der sich über Tage hinziehen konnte, abgeschreckt werden.

Man kann sich das Spektakel entlang des Weges, den Jesus mit dem Kreuzesquerbalken – der Längsbalken steht bereits auf Golgota – durch die Stadt getrieben worden ist, gut vorstellen. Die Massen, die ihm wenige Tage zuvor noch zugejubelt haben, wollen nun von ihm nichts mehr wissen. Sie verspotten ihn und bedenken ihn mit Häme. Das ist ihre Reaktion auf ihre eigenen falschen Vorstellungen, in denen sie den Nazarener zum politischen Befreier von der römischen Oberhoheit hochstilisiert haben. „Anderen hat er geholfen, sich selbst kann er nicht helfen", spotten auch die Hohepriester unterm Kreuz.

Aus zwei Gründen wählten die römischen Soldaten nicht den kürzesten Weg vom Ort der Verurteilung zu dem der Hinrichtung: Sie wollten den Verurteilten zur Schau stellen und ihn entwürdigen, sie wollten aber auch noch Zeugen, die zufällig am Weg stehen, die Möglichkeit eines Einspruchs gegen das Urteil geben, das bei Jesus gelautet hatte, er sei der „König der Juden".

Nach der Geißelung war Jesus völlig geschwächt. Man musste, so berichten die Evangelien übereinstimmend, Simon von Cyrene zwingen, Jesus zu helfen, das Kreuz zu tragen. Vermutlich war Jesus zuvor von den Folterknechten noch mit Peitschenhieben durch die Straßen getrieben worden. Aber irgendwann hatte ihn die Kraft verlassen. Nach der Geißelung war sein Körper bereits eine einzige blutende Wunde gewesen, aufgerissen von Knochensplittern oder spitzen Metallteilen, die man in die Lederschnüre eingearbeitet hatte. Dazu kam, dass die Zahl der Schläge nicht beschränkt war – ein guter Folterknecht hörte freilich rechtzeitig auf.

Angekommen auf dem stillgelegten Steinbruch von Golgota vor den Mauern der Stadt, werfen die Henker Jesus nieder und schlagen ihn ans Kreuz. Genagelt wird aber nicht durch die Handflächen, sondern am Unterarm zwischen Elle und Speiche. Unter seinem Gesäß wurde ein kleines Holzbrett („Sedile") montiert, sodass er sich darauf abstützen konnte. Denn die Kreuzigung hatte im Gegensatz zur Enthauptung den Zweck, dass der Verurteilte möglichst lange und grausam leidet. Seit einem archäologischen Fund im Jahr 1968 wissen wir, dass auch die Annagelung der Beine nicht durch die überstreckten Vorderfüße erfolgte, wie dies häufig in der Malerei dargestellt wird. Dies belegt ein Fersenbein aus dem ersten nachchristlichen Jahrhundert, das in einem Ossuarium (Knochenkästchen) im Norden Jerusalems gefunden wurde. Durch das Fersenbein war nämlich ein Nagel getrieben. Seitdem gehen Archäologen und auch Theologen davon aus, dass die Beine an der linken und rechten Seite des Kreuzesstammes angehalten und durch je einen Nagel fixiert worden sind.

Der Körper atmet noch. Hängt der Gekreuzigte nun mit vollem Gewicht in den Armen, dann führt dies zu dramatischer Atemnot und zu Durchblutungsstörungen. Um den krampfenden Oberkörper zu entlasten, stützt er sich schließlich über die Beine ab, was dort zu furchtbaren Schmerzen führt – so ist es bis zur völligen Entkräftung ein Wechsel von sich aufrichten und in sich zusammensinken. Zudem ist der Gekreuzigte zur völligen Machtlosigkeit verdammt. Ein Gekreuzigter kann sich nicht vor Schmerz winden, er kann nicht einmal die Fliegen von seinen Wunden vertreiben – er ist völlig ohnmächtig.

Völlig ermattet ruft Jesus: „Mich dürstet! Ein Gefäß mit Essig stand da. Sie steckten einen Schwamm mit Essig auf einen Ysopzweig und hielten ihn an seinen Mund." Dies taten die Soldaten häufig, um die Qualen des Gekreuzigten zu verlängern, wobei sie das Wasser mit Weinessig und betäubenden Heilkräutern vermischten.

Nach den Berichten der Evangelisten kamen die Soldaten, um den Sterbenden die Beine zu zerschlagen, was sie bei Jesus, der bereits tot war, unterließen. So grausam es auch klingen mag: Aber das Zertrümmern von Schien- und Wadenbein war ein humanitärer Akt, denn danach hatte der Gekreuzigte nicht mehr die Möglichkeit, sich mit den Beinen abzustützen. Dadurch wurde der Todeskampf deutlich verkürzt. Der Tod trat schließlich durch Ersticken, Kreislaufkollaps oder Herzversagen ein.

Die Kreuzigung war nicht nur körperlich die grausamste Methode der Tötung, sie wirkte auch über den Tod hinaus. „Verflucht ist, wer am Holze hängt" heißt es im Fünften Buch Mose (21,22). Damit ist der Ausschluss des Gekreuzigten aus Gottes erwähltem Volk festgeschrieben. Aber damit noch nicht genug: Selbst das letzte religiöse Anrecht auf ewige Ruhe konnte einem Gekreuzigten nach römischem Recht verweigert werden. Die Erde war zu schade für ihn, er musste am Holze bleiben, bis die Vögel ihn zerfressen hatten. Dass Jesus dennoch in einem Grab beigesetzt werden konnte, hat er Josef von Arimathäa zu verdanken, der Pilatus bat, den Leichnam Jesu abnehmen zu dürfen. Das aber war keine Selbstverständlichkeit, sondern ein letzter Gnadenakt des Pilatus.

PICTUREDESK/LEO G. LINDER / AKG-IMAGES

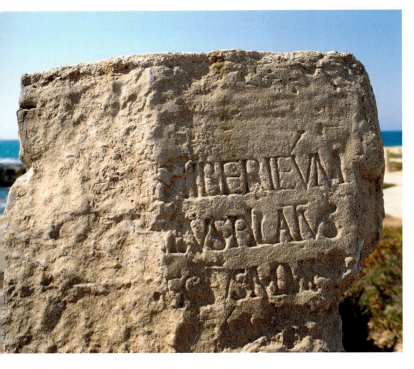

Der Pilatus-Stein in Caesarea Maritima ist eines der Zeugnisse, die darauf verweisen, dass Pilatus tatsächlich römischer Statthalter war.

„Archäologen gehen davon aus, dass die Beine an der linken und rechten Seite des Kreuzesstammes durch je einen Nagel fixiert worden sind.

Orthodoxe Christinnen gehen am Karfreitag auf der Via Dolorosa in Jerusalem betend den Kreuzweg.

Der letzte Weg Jesu

Wer durch die Via Dolorosa geht, wandelt nicht auf den Spuren Jesu, sondern auf europäischen Traditionen. Eine heilige Straße ist sie für die Christenheit dennoch.

Bei vielen Pilgern gibt es unumstößliche Sicherheiten, die zu zerstören auch einem Reiseleiter manchmal schwerfällt. Eine davon lautet: Die Via Dolorosa, der Kreuzweg, der mitten durch die Altstadt von Jerusalem führt, sei historisch gesichert. Denn trotz aller archäologischen und historischen Forschungen ist bis heute nicht klar, wo Pontius Pilatus den Prozess gegen Jesus abhielt. Sein Amtssitz war in Caesarea Maritima, jener Stadt, die Herodes der Große (73-4 v. Chr.) als „Fenster gegen den Westen" mit allen Annehmlichkeiten hatte errichten lassen. Wenn es aber in Jerusalem politisch unruhig zu werden drohte, dann zog der Statthalter Roms mit seinen Hilfstruppen dorthin. Und das war zu Pessach der Fall, jenem Fest, bei dem Israel der Befreiung aus der ägyptischen Gefangenschaft gedachte. Ein Freiheitsfest also, das die Juden auch 1300 Jahre nach dem es begründenden historischen Ereignis erneut zu einem Aufstand hätten nutzen können.

Lange Zeit hielt man an der Festung Antonia im Nordwesteck des Tempels als dem Ort der Verurteilung Jesu fest. Neuere Theorien gehen davon aus, dass Pilatus aber im herodianischen Palast neben dem heutigen Jaffa-Tor Gericht gehalten hat. Beide Orte haben Argumente für sich. Emotionell ist der Antonia-Theorie der Vorzug zu geben, denn ganz in der Nähe befindet sich der Konvent der Zions-Schwestern, in dessen Bereich der „Ecce homo"-Bogen liegt.

Das Johannesevangelium (19,4 f.) beschreibt den Prozess mit einem Unterton, als hätte der Römer Mitleid mit dem Angeklagten gehabt und sogar daran gedacht, ihn freizulassen: „Seht, ich bringe ihn zu euch heraus; ihr sollt wissen, dass ich keine Schuld an ihm finde. Jesus kam heraus; er trug die Dornenkrone und den purpurroten Mantel. Pilatus sagte zu ihnen: Ecce homo. (Seht, der Mensch!) Als die Hohepriester und die Diener ihn sahen, schrien sie: Kreuzige ihn, kreuzige ihn!" Pilatus hätte es in der Hand gehabt, Jesus freizulassen. Freilich: Auf die Frage, ob er ein König sei, antwortete Jesus: „Du sagst es, ich bin ein König."

Diese Selbstzuschreibung konnte der Römer nicht hinnehmen. Der letzte König, der das biblische Land regiert hatte, war von Roms Gnaden Herodes gewesen. Auch keinem seiner Söhne wurde die Königswürde zuteil. Wenn Jesus nun diese für sich in Anspruch nahm, auch wenn er einschränkend gesagt hatte, dass sein

Via Dolorosa

Das ganze Jahr über kommen Pilger, läuten bei den Franziskanern in der Jerusalemer Altstadt und bitten um ein Kreuz, mit dem sie die 14 Stationen des Kreuzwegs beten. Wo genau der letzte Weg Jesu verlief, ist unklar. Wichtig ist es für fromme Pilger daher nicht, dem historischen Weg zu folgen. Wichtig ist es ihnen, diesen in Erinnerung an Jesu Leiden zu gehen.

der sich um 1730 in Jerusalem aufgehalten hat, festgelegt.

Es ist also ein europäischer Import von Frömmigkeit, der sich an diesem Weg findet, und dies gilt für etliche Stationen, etwa für die dritte, die siebente und die neunte, an denen daran erinnert wird, dass Jesus unter der Last des Kreuzes zusammengebrochen sei. Die drei Stürze Jesu werden in keinem der Evangelien erwähnt, wie überhaupt der Kreuzweg von keinem der Evangelisten näher beschrieben wird. Auch die sechste Station, an der man gedenkt, dass Veronika Jesus das Schweißtuch gereicht habe, wird im Neuen Testament nicht beschrieben. Vielmehr dürfte sich dies aus der späteren Verehrung von Jesus-Ikonen erklären. Ikonen-Maler nehmen für sich in Anspruch, das jeweils „wahre Abbild Jesu" zu zeigen, das seinen Ursprung im Namen Veronika hat. Dieser setzt sich aus dem Lateinischen „Vera" und dem Griechischen „Eikon" zusammen: das „wahre Bild".

Wenn eine Gruppe zu lange am Anfang des Schmerzensweges verweilt, dann wittert Yousef, ein arabisch-muslimischer Händler nahe der zweiten Kreuzwegstation, ein Geschäft. Er bietet religionsübergreifend Devotionalien feil: den muslimischen Felsendom neben einem Jesuskind in der Krippe, Wandteppiche mit der Kaaba und Dornenkronen, aber auch geschmacklose Vexierbilder, die den Gekreuzigten zeigen. Wenn man das Bild bewegt, dann schlägt Jesus einmal seine Augen auf und schließt sie danach wieder schmerzverzerrt. Religiöse Geschmacklosigkeit kennt keine Grenzen, schon gar nicht in Jerusalem. „Deutsch?", fragt Yousef einen Reiseteilnehmer, um dessen Nicken mit den Worten „Nix gut" zu kommentieren. Das bezieht er freilich nicht generell auf deutsche oder österreichische Besucher, sondern nur auf deren Weigerung, bei ihm um 40 Dollar ein lebensgroßes Kreuz zu mieten, mit dem die Gruppe durch die Via Dolorosa ziehen kann. An der Grabeskirche wird es dann abgestellt, Yousef holt es später mit einem Kleintraktor wieder ab. Die Italiener und Spanier, die Südamerikaner und auch die Filipinos seien ganz wild darauf, erklärt er, nicht aber die Deutschen.

Königreich nicht von dieser Welt sei, dann musste Pilatus reagieren und ihn mit dem Tod bestrafen.

Der „Ecce homo"-Bogen ist der mittlere und höchste von drei Bögen und überspannt die Via Dolorosa. Einer ist in ein Privathaus integriert, der dritte bildet einen Teil der „Ecce homo"-Kirche der Zions-Schwestern. An ihn schließt sich ein weitläufiges Pflaster aus mächtigen Steinplatten an. Einige von ihnen sind mit Einritzungen versehen, die uns an das heute noch bekannte Mühle-Spiel erinnern. Den Soldaten wird eben auch oft langweilig gewesen sein, und so versuchten sie spielerisch, sich die Zeit der Wache zu vertreiben. Dieses Steinpflaster wurde um 1860 entdeckt. In ihrem Wunschdenken, genau das gefunden zu haben, was sie gesucht hatten, nämlich den Ort der Verurteilung Jesu, setzten die Archäologen das Pflaster mit dem biblischen Ort, der Lithostrotos heißt, gleich. In den letzten Jahrzehnten setzte sich allerdings nach genaueren Überprüfungen die Erkenntnis durch, dass die gesamte Anlage erst aus der Zeit von Kaiser Hadrian, hundert Jahre nach dem Tod Jesu, stammt. Wenn man den Ausgangspunkt des Leidensweges nicht mit Sicherheit bestimmen kann, wohl aber dessen Endpunkt, die Grabeskirche, dann ist es auch nicht möglich, eine verlässliche Verbindung herzustellen.

Die Via Dolorosa ist zwar historisch nicht gesichert, eine heilige Straße ist sie dennoch. Denn zumindest seit der Kreuzfahrerzeit haben Abertausende Pilger diesen Weg durch ihr Gebet geheiligt. Der endgültige Verlauf und die Anzahl der 14 Stationen wurden erst von dem deutschen Franziskanermönch Elzear Horn,

Der Glaube an den Sieg über den Tod

Am Ostersonntag erschien der Auferstandene zwei Männern auf deren Weg nach Emmaus. Den Ort gibt es gleich dreimal im biblischen Land.

Emmaus

Wo lag Emmaus wirklich? Die Frage der genauen Lokalisierung wird wohl nie geklärt werden. Wovon man aber ausgehen kann, ist, dass die im zwischen 80 und 90 n. Chr. entstandenen Lukasevangelium geschilderte Begegnung mit dem Auferstandenen in einem Dorf mit Namen Emmaus auf älteren, zunächst nur mündlich überlieferten Erzählungen fußt.

Qubeibeh und Amwas – beide Orte haben gute Traditionen für sich, das Emmaus der Bibel zu sein. Aber nur Abu Gosch, wo die Jünger dem Auferstandenen wohl kaum begegnet sein dürften, ist tatsächlich einen Besuch wert. Diese dreifache Lokalisation ist selbst im Land der Bibel, in dem es zwei Kreuzigungs- und sogar zwei Grablegungsstätten Mariens gibt, eine Ausnahme. Zu erklären ist das Verwirrspiel leicht, zu klären hingegen nicht.

Es war am Tag der Auferstehung, an dem sich zwei Jünger Jesu nach Emmaus begaben. „Während sie redeten und ihre Gedanken austauschten, kam Jesus hinzu und ging mit ihnen. Doch sie waren wie mit Blindheit geschlagen, sodass sie ihn nicht erkannten. Er fragte sie: Was sind das für Dinge, über die ihr auf eurem Weg miteinander redet? ... Der eine von ihnen antwortete: Bist du so fremd in Jerusalem, dass du als Einziger nicht weißt, was in diesen Tagen dort geschehen ist? ... Das mit Jesus von Nazareth?" Später laden sie den Fremden in ihr Haus ein, „denn der Tag hat sich schon geneigt ... Und als er mit ihnen bei Tisch war, nahm er das Brot, sprach den Lobpreis, brach das Brot und gab es ihnen. Da gingen ihnen die Augen auf, und sie erkannten ihn, dann sahen sie ihn nicht mehr" (Lukas 24,13–35).

Nun könnte sich das Geschilderte sowohl im heutigen Qubeibeh als auch in Amwas zugetragen haben, wäre da nicht bei Lukas auch noch der Vermerk, dass Emmaus von Jerusalem „sechzig Stadien' (ca. elf Kilometer) entfernt ist und dass die beiden „noch in derselben Stunde" aufbrachen und nach Jerusalem zurückkehrten, wo sie „die elf und die anderen Jünger versammelt" fanden. Nun sind die im Evangelium genannten 60 Stadien eine Entfernung, die man durchaus am Abend noch bewältigen kann, was für Qubeibeh spricht. Dennoch identifiziert Hieronymus (um 400 n. Chr.) Emmaus mit dem 160 Stadien (ca. 29 km) entfernten Amwas.

Was war geschehen? Das armselige Qubeibeh lag im Norden Jerusalems völlig im Abseits, Amwas hingegen an der belebten Pilgerroute von Jaffa nach Jerusalem und hatte zudem sehr früh eine blühende christliche Kultur. Die kleine Manipulation, die darin bestand, den 60 Stadien einen Einser voranzustellen, wird dem Theologen Origenes (185–254) angelastet. Die Kreuzfahrer wiederum entdeckten diese Ungereimtheiten und lösten das Problem für sich so, dass sie keiner der beiden Lokalisationen den Vorzug gaben, sondern für sich einen dritten Ort zu jenem des biblischen Geschehens machten: Abu Gosch. Das passte ganz gut in ihre theologische Konzeption. Jesus sollte ihnen – wie seinen Jüngern – an jenem Platz begegnen, an dem sie sich unter Gottfried von Bouillon im Juli 1099 versammelten, um von hier aus Jerusalem zu erobern.

Die Kreuzfahrer dachten wohl, das Land für lange Zeit in Besitz nehmen zu können. Warum sonst baut man eine Kirche mit drei Meter starken Außenmauern? Der überwältigende Eindruck dieser 1142 errichteten frühgotischen Kirche mit ihrem unversehrten Kreuzrippengewölbe gründet aber nicht in ihrer Massivität, sondern in ihrer Schlichtheit, die eine zusätzliche Bereicherung erfährt, wenn die Dominikaner des dazugehörigen Klosters ihre Choräle singen.

Auch wenn Abu Gosch nicht das biblische Emmaus ist, so hat es eine lange Tra-

Ein Mönch im Benediktinerkloster von Abu Gosch, wo sich einer Tradition nach der auferstandene Jesus zwei Jüngern zu erkennen gab.

dition für sich. Hier im biblischen Kirjat-Jearim machte die Bundeslade, die die Philister von den Israeliten erbeutet hatten und die sie dann doch zurückgaben, Station (1 Samuel 6, 19–7,2), ehe sie nach Jerusalem verbracht wurde. Hier war auch – wie ein Stein in der Nordmauer der Kirche belegt – das Veteranenlager der zehnten römischen Legion, der „legio X fretensis", die maßgeblich an der Eroberung und Zerstörung Jerusalems (70 n. Chr.) und an jener der Trutzburg Masada (73 n. Chr.) beteiligt war.

Die Freude des heutigen Ostersonntags ist das leere Grab. Freilich: Die Auferweckung von den Toten wird im Neuen Testament nirgendwo genau erzählt. Viele Theologen argumentieren, dass dies nur konsequent sei, denn es sei schließlich niemand dabei gewesen, sondern man habe bloß die Folge daraus gesehen: „Er ist nicht hier", heißt es im Markusevangelium. Das wiederum hat zu Spekulationen geführt. Um solchen entgegenzuwirken, schildert Matthäus (27, 62ff), dass sich die Hohepriester und die Pharisäer daran erinnern, dass Jesus von seiner Auferstehung „am dritten Tag" gesprochen habe. Aus Angst, dies könne tatsächlich geschehen, „gehen sie zu Pilatus und bitten um eine Bewachung des Grabes: Pilatus antwortete ihnen: Geht und sichert das Grab, so gut ihr könnt!" Damit belegt der Evangelist, dass der Leichnam nicht gestohlen wurde, sondern auferstanden ist.

Nach der jüdisch-christlichen Tradition gibt es keinen Tod, der nicht unter dem Aspekt der Auferstehung gesehen wird. Der älteste Beleg dafür findet sich beim Propheten Hosea im 8. vorchristlichen Jahrhundert: „Auf, lasst uns zum Herrn zurückkehren! Denn er hat uns gerissen, er wird uns auch heilen; er hat verwundet, er wird uns auch verbinden. Nach zwei Tagen gibt er uns das Leben zurück, am dritten Tag richtet er uns wieder auf und wir leben vor seinem Angesicht!" Diese Worte haben zwar nicht direkt mit Jesus zu tun, sondern beziehen sich auf eine damals äußerst schwierige Lage des Volkes Israel. Es wird aber erstmals der „dritte Tag" genannt, der die Wende vom Tod zum Leben bringt. So war es auch beim Propheten Jona, der „drei Tage und drei Nächte im Bauch des Fisches" verbrachte.

Jesus, der predigt, dass „die Stunde kommt, in der alle, die in den Gräbern sind, seine Stimme hören und herauskommen werden" (Joh, 28 f), ist tief in einer semitischen Tradition verwurzelt, die besagt, dass die Ganzheit eines Menschen mit der Auferstehung wiederhergestellt wird. Wenn auch nicht unbedingt in einem materiellen Sinn. An die Auferstehung von den Toten zu glauben, ist eine Herausforderung. Nicht einmal die Jünger, die Jesus drei Jahre lang gefolgt waren, haben dies uneingeschränkt getan, wie das Beispiel des ungläubigen Thomas (Joh 20, 24–29) zeigt: „Die anderen Jünger sagten zu ihm: Wir haben den Herrn gesehen. Er entgegnete ihnen: . . . Wenn ich meinen Finger nicht in das Mal der Nägel und meine Hand nicht in seine Seite lege, glaube ich nicht." Wie also soll der Mensch des 21. Jahrhunderts die Botschaft von Ostern begreifen? Vielleicht begegnet uns der Auferstandene in der Gestalt unserer Mitmenschen häufiger, als wir das vermuten. Und wie die Emmaus-Jünger erkennen wir ihn auch oft nicht.

Unterwegs auf Gottes irdischen Wegen

Pilgern ist eine Möglichkeit, Gott, der Natur und sich selbst nahezukommen. Eine, die auch von vielen nicht „aktiven Christen" genutzt wird.

Pilgern unter dem Schutz von Sicherheitspersonal: In der Altstadt Jerusalems ist die Spannung mit Händen zu greifen.

Die heilige Helena, Mutter von Kaiser Konstantin, tat im Jahr 326 n. Chr. mit über 70 Jahren genau das, was Pilger auch heute noch tun: Mit der Bibel in der Hand suchte sie die Stätten des Wirkens Jesu auf, um so ihrem Heiland nahezukommen. In Jerusalem fragte Helena nach dem Ort der Kreuzigung und nach jenem der Grablegung. Die Antwort ihrer Begleiter war enttäuschend. Man könne ihr diesen nicht zeigen, sagten sie, denn über Golgota und dem „nur einen Steinwurf entfernten Grab" befände sich ein römischer Tempel, den Kaiser Hadrian etwa 200 Jahre zuvor habe errichten lassen.

Der römische Herrscher hatte den Ort nicht zufällig gewählt, sondern vermutlich wollte er alle Erinnerungen an die Juden in der heiligen Stadt auslöschen. Nach zwei jüdischen Aufständen (66–70 und 132–135 n. Chr.) war es Hadrians Ziel, die Unruheprovinz im Osten des riesigen römischen Reiches ein für alle Mal zu befrieden. Dafür war ihm jedes Mittel recht. Er vertrieb die Juden aus Jerusalem und verbot ihnen bei Todesstrafe, die Stadt zu betreten. Er nannte die Stadt fortan Aelia Capitolina und er gab dem Land den Namen Palästina. Zudem ließ er an Orten, die von Juden oder Judenchristen verehrt wurden, römische Heiligtümer errichten. In dem bereits im Jahre 70 n. Chr. zerstörten jüdischen Tempel stellte er eine Statue Jupiters auf, Golgota und das Grab Jesu überbaute er mit einem Tempel, in dem die Liebesgöttin Venus verehrt wurde.

Nach den Berichten des Kirchenvaters Eusebius von Caesarea sah Helena diesen Tempel und ordnete an, ihn abzutragen. Sie fand „wider allen Erwartens", was „lange Zeit im Dunkel verborgen" gewesen war: den Hügel der Kreuzigung und den Ort der Grablegung. Damit wurde das Christentum zu einer Religion, in der heilige Orte verehrt wurden. Es steht damit im Gegensatz zum Judentum, das eine Religion der heiligen Zeit ist. Mit dieser Ortsbezogenheit war es nun möglich, Gott nicht nur „im Geist", sondern auch materiell zu sehen und zu fühlen. Der Pilger konnte dort gehen, wo Jesus gegangen war, geheilt und gepredigt hatte, und er konnte dort knien, wo der Herr gelitten hat und von den Toten auferstanden ist. Mit Helena begann die Verehrung heiliger Orte, die bis heute ungebrochen ist.

Helena wollte die Orte des Wirkens Gottes in dieser Welt aber nicht nur besuchen, sondern dort auch selbst ihre Spuren hinterlassen. Sie errichtete mehrere Kirchen, darunter die Geburtskirche in Bethlehem und die Grabeskirche, die wahrscheinlich großartigste Basilika der damaligen Welt. Von diesem Bau ist heute nur mehr wenig zu sehen, da die Perser die Kirche im Jahr 614 zerstört haben und nach der Wiedererrichtung der Nachfolgebau im Jahr 1009 erneut vom ägyptischen Kalifen Al-Hakim vernichtet worden war.

Helena hat am heiligen Ort ihre Spuren hinterlassen, wie dies Pilger auch heute noch machen, wenn sie am Ziel ihrer Pilgerreise ein Messstipendium stiften oder auch nur eine Kerze entzünden. Helena wollte aber auch etwas vom heiligen Ort mit nach Hause nehmen. Ihr größter Wunsch war es, das „wahre Kreuz Jesu" und die Kreuzesnägel zu finden, um sie in die Hauptstadt Konstantinopel zu bringen. Einer Legende nach soll sie in Jerusalem einem Juden begegnet sein, der wusste, wo das Kreuz zu finden sei. Er grub es angeblich in jener Zisterne im zweiten Untergeschoss der heutigen Grabeskirche aus, die heute auch als Kreuzauffindungs-Kapelle bezeichnet wird und in der Maximilian,

Grabes-Kirche

Die römische Kaiserin Helena hat, auf der Suche nach dem Ort der Kreuzigung in Jerusalem, die Stelle unter einem römischen Venustempel gefunden. Sie ließ den Tempel abreißen, fand drei Kreuze und brachte sie samt den Nägeln nach Konstantinopel. Ihr Sohn, Kaiser Konstantin, ließ an der Stelle die Grabeskirche erbauen, den ersten Pilgerort der Christenheit.

der Bruder von Kaiser Franz Joseph und spätere Kaiser von Mexiko, 1857 einen Altar errichten hat lassen. Aber der Jude entdeckte in der alten Wasserzisterne nicht nur ein Kreuz, sondern deren drei. Es stellte sich also die Frage, welches nun das Kreuz Jesu gewesen sei und an welchen die beiden Schächer gehangen haben. Helena klopfte nun auf die drei Hölzer, zwei klangen dumpf, eines hell. Damit schien bewiesen zu sein, welches das „wahre Kreuz" sei. Was uns bis heute davon geblieben ist, ist der Ausdruck vom dreimaligen „auf Holz klopfen".

Helena hat Teile des Kreuzes ebenso wie die Nägel nach Konstantinopel verbracht. Aus den Nägeln hat Kaiser Konstantin einen in eine eiserne Krone, die übrigen angeblich in das Zaumzeug seines Lieblingspferdes einarbeiten lassen.

So wie Helena wollen Pilger auch heute noch Erinnerungsstücke von einem geheiligten Ort mit nach Hause nehmen. Das können Rosenkränze oder auch Flaschen mit Wasser vom Jordan sein. Selbst Dornenkronen werden in der Via Dolorosa feilgeboten.

Viele Pilger, vor allem solche aus Osteuropa, kaufen nicht nur religiöse Andenken, sondern sie nehmen häufig eine „spirituelle Erinnerung" mit. Dazu eine kleine Episode. Als ich mit meinem Sohn Elias erstmals die Grabeskirche besucht habe – er war damals vier Jahre alt –, fragte er mich, warum die Frauen diesen Stein am Boden beständig reinigen würden. Er sei ohnedies schon sauber. Bei „diesem Stein" handelte es sich um den Salbungsstein im Eingangsbereich der Grabeskirche. Auf ihm wurde der Tradition nach der Leichnam Jesu mit Myrrhe und Aloe gesalbt, ehe er ins Grab gebettet wurde. Oft knien Menschen davor und wischen mit einem Alltagsgegenstand, einem Halstuch oder auch einem Taschentuch, darüber, um dieses „spirituell aufzuladen". Wenn dann zu Hause schwere Tage kommen, aber auch an hohen kirchlichen Festtagen, nehmen sie das Tuch aus dem Schrank und tragen es – in Erinnerung an die Grabeskirche und das Leiden Jesu. Theologen sprechen von einer Berührungsreliquie.

Es ist ein Trend der letzten Jahre, dass es einer wachsenden Zahl an Pilgern nicht mehr ausreicht, das Heilige Land im gekühlten Bus zu durchfahren. Sie wollen selbst die Erde unter die Füße bekommen, sie wollen spüren, riechen, mit den Menschen des Landes in Kontakt treten. Einige gehen ein paar Tage am Jesus-Trail von Nazareth nach Kapernaum, andere durchwandern das Wadi Qelt zwischen Jerusalem und Jericho. Und manche gehen den gesamten Shvil Israel, einen über 900 Kilometer langen Weg, der sie von Dan an der

Vor dem geschlossenen Tor der Grabeskirche: Eine Pilgerin betet zu Beginn der Pandemie mit Gummihandschuhen.

libanesischen Grenze bis nach Eilat im äußersten Süden des Landes führt. Es ist dies eine neue Art des Pilgerns, eine, die auch von kirchlich nur wenig sozialisierten Menschen genutzt wird. Es gibt Motivuntersuchungen, dass am Camino, dem 1000-jährigen Pilgerweg nach Santiago de Compostela zum Grab des heiligen Apostels Jakobus, viele Menschen unterwegs sind, die es ablehnen, sich als „aktive Christen" zu bezeichnen. Sogar Atheisten pilgern, auch wenn sie bevorzugt davon sprechen, dass der Weg ihr Ziel sei. So schreibt eine atheistische Naturwissenschaftlerin namens Carmen Rohrbach, die den Jakobsweg gegangen ist, in ihr Tagebuch: „Es ist nicht so, dass ich behaupte, es gäbe keinen Gott, sondern ich kann einfach nicht glauben ... Da der Weg nach Santiago aber ein Weg des Glaubens ist, musste ich mich als Nichtchristin zu erkennen geben, sonst wäre es nicht wahrhaftig gewesen." Das sind Sätze, die sie bald nach ihrem Aufbruch geschrieben hat, um am Ende des Weges zu bekennen: „Die Sehnsucht und das Suchen haben ihr Ziel gefunden. Es ist der Raum, wo Himmel und Erde einander berühren."

Pilgern ist neben dem Genuss klassischer Kirchenmusik von Mozart oder Bach die niederschwelligste Art der Gottesbegegnung. Denn Pilgern hat – anders als der Besuch einer Messe – keinen Bekenntnischarakter. Niemand – selbst wenn er seit Jahren nur mehr ein Feiertagschrist ist –, braucht sich in meinem Umfeld zu erklären, warum er sich auf den Weg macht, und ich muss auch kein Glaubensbekenntnis ablegen, wie dies in einer Messe gefordert wird.

Der Pilger geht nicht, um Neues zu erleben, sondern um selbst neu zu werden. Bei jedem, der sich auf den Weg macht, steht zunächst die Selbsterfahrung des eigenen Körpers. Dazu kommt, dass die Harmonie von unberührten Landschaften der Seele schmeichelt. Beim Pilgern tritt man auch aus dem Zeitschema der Alltäglichkeit heraus, lässt die Fremdbestimmung zurück und erfreut sich an der Selbstverwaltung der Zeit. Wenn jemand müde ist, dann rastet er, wenn jemand einen wunderbaren Ort entdeckt, rastet er und erfreut sich an dem Anblick. Und wenn er Glück hat, dann hört er Töne der Natur, die er schon lange nicht mehr vernommen hat: das Zwitschern eines Vogels, das Knarren eines Baumes im Wind.

Die allermeisten Pilger haben einen Entwicklungsprozess an sich beobachtet, wenn sie sagen: „Danach war ich ein anderer Mensch." Oder: „Es war eine Reise, weit zu mir." Oder: „Die größte Entdeckung war ich selbst, die Liebe und damit Gott."

> Die Sehnsucht und das Suchen haben ihr Ziel gefunden. Es ist der Raum, wo Himmel und Erde einander berühren.

Carmen Rohrbach, Jakobspilgerin

Vom Dach des Österreichischen Hospizes hat man den wohl wunderbarsten Blick auf die Altstadt von Jerusalem.

Ein Hospiz wie kein zweites

Einst von den Habsburgern errichtet, ist das Österreichische Pilgerhaus ein Ruhepol in der Altstadt von Jerusalem.

Der Apfelstrudel hat schon einigen deutschen Journalisten wunderbar geschmeckt. Redakteure der „Frankfurter Allgemeinen" und auch jene der „Süddeutschen" und der „Welt" haben ihn in ihren Reiseberichten über das Österreichische Hospiz in der Altstadt von Jerusalem hoch gelobt und ihn zu einem Stück österreichischer Gastlichkeit hochstilisiert. Man kann resümieren: Ohne Apfelstrudel kommt kein Bericht über das mehr als eineinhalb Jahrhunderte alte Haus. Auch dieser nicht.

Für die Deutschen mag es eine kulinarische Schnurre sein, inmitten der von Hummus, Falafel und Pita geprägten Altstadt Jerusalems einen Apfelstrudel zu finden, für den österreichischen Besucher ist er weit mehr. Das Haus, das sich im Besitz der Österreichischen Bischofskonferenz befindet, ist ein Stück Heimatgeschichte inmitten der verwinkelten orientalischen Gassen Jerusalems. Das prächtige Gebäude verdankt seine Existenz der Wiederentdeckung des Orients, die 1799 mit Napoleon eingesetzt hat. Nach seinem Feldzug in Ägypten wandte er sich Palästina zu, wo er an der Belagerung von Akko allerdings scheiterte. Auf seiner Suche nach raschen Handelswegen nach Indien hat Napoleon aber das Interesse Europas am Orient, das nach der Vernichtung der Kreuzfahrer 1291 beinahe erloschen war, nach 500 Jahren erneut entfacht. Dem Kriegsherrn folgten Landvermesser, die die geopolitischen Möglichkeiten ausloteten, dann kamen die Archäologen, und deren Funde zogen das Interesse der Theologen nach sich. So rückte der Orient, vor allem aber die Stadt Jerusalem, in den Mittelpunkt europäischer Machtinteressen. England eröffnete dort 1839 ein Konsulat, es folgten Preußen und Frankreich, Österreich zog 1849 nach.

Nicht nur die säkularen Mächte, auch die Kirchen beteiligten sich am Kampf um den Einfluss. 1851 wurde der anglo-preußische Bischofssitz errichtet, was wiederum den Papst veranlasste, das Lateinische Patriarchat 1847, das seit der Kreuzfahrerzeit vakant war, zu errichten. Das erste von einer europäischen Monarchie in Jerusalem errichtete Pilgerhaus war jenes der Österreicher, das zwischen 1856 und 1863 an einer prominenten Adresse erbaut wurde: an der Ecke der Via Dolorosa und der Al-Wad-Straße, die

> „Das Haus ist ein Stück Heimatgeschichte inmitten der Gassen Jerusalems."

über dem alten römischen Cardo verläuft. Für die Grundsteinlegung wurde eigens ein Eckstein aus Österreich herbeigeschafft. Er sollte die beiden Heimatländer der zu erwartenden Pilger verbinden: die physische Heimat des Habsburgerreiches mit der spirituellen jedes Christen: Jerusalem. Der wohl berühmteste Pilger der Frühzeit war Kaiser Franz Joseph, der sich vom 9. bis zum 13. November 1869 im Haus aufhielt. Sein Besuch war eine klare Botschaft an seine Untertanen: Sie sollten fortan nicht nur den Fußspuren Jesu im Land der Bibel, sondern auch denen ihres Kaisers folgen, der auch den Titel „König von Jerusalem" trug. Aber auch einfache Pilger wandelten auf Gottes und des Kaisers Spuren. Zwischen dem 10. und 31. August nahmen 234 Männer und 306 Frauen an der „1. Steierischen Volkswallfahrt" unter „dem Protektorat des hochwürdigsten Fürstbischofes Dr. Leopold Schuster" teil.

So sehr auch Apfelstrudel und Gösser Bier die Heimatgefühle der Österreicher, die das Haus besuchen, anschwellen lassen, so ist es doch weit mehr als ein ausgelagertes Kaffeehaus, in dem man zu Mozart-Klängen Altwiener Flair genießt und auf der Terrasse zwischen Palmen seine Melange schlürft. Es ist, und das schrieb die „New York Times", nach dem „King David Hotel" und dem „American Colony" das traditionsreichste Hotel in Jerusalem. Dessen reiche Geschichte von der Gründung bis zur Gegenwart findet sich in dem Buch „Im Orient zu Hause. Das Österreichische Hospiz in Jerusalem", das von Markus Bugnyár, dem Rektor des Hauses, und Helmut Wohnout herausgegeben wurde. Bugnyár: „Ein Ziel unseres Buches ist es zu zeigen, dass man in unserem Haus nicht nur ein Stück österreichische Heimat in Jerusalem entdecken kann, sondern dass auch Jerusalem in seiner Gesamtheit für Christen eine Heimat ist, von der es sich lohnt, sie zu besuchen."

Wir bitten um Spenden für den Erhalt des Österreichischen Hospizes in Jerusalem!

IBAN: AT43 1919 0003 0015 0125
Verwendungszweck: Österreichisches Hospiz – Sozialfonds

Erster Gast

Das Österreichische „Hospiz zur Heiligen Familie wurde 1854 als kirchliche Stiftung durch den damaligen Erzbischof von Wien, Josef Othmar Ritter von Rauscher, begründet. Dass es als erstes Pilgerhaus einer europäischen Macht errichtet werden konnte, ist dem Einfluss von Kaiser Franz Joseph bei der Hohen Pforte in Istanbul zu verdanken. Am 19. März des Jahres 1863 bezog der erste Pilger, Franz Kreil aus Prag, das an der Via Dolorosa gelegene Gästehaus.

Ein Mosaik in der Hospizkapelle zeigt Kaiser Franz Joseph, der unter seinen zahlreichen klingenden Titeln auch den des Königs von Jerusalem führte.

ÖSTERREICHISCHES HOSPIZ

„Das Hospiz ist nach dem King David und dem American Colony das traditionsreichste Hotel in Jerusalem.

MEIN GELOBTES LAND

Sind Sie ein lebensfroher Tourist, dann ist **Tel Aviv** mit seinen Restaurants, Bars und Clubs die erste Adresse. Als Pilger werden Sie möglichst viele heilige Stätten besuchen, als Kulturreisender Museen, Ausgrabungen oder die Oper in Tel Aviv. Als politisch Interessierter werden Sie möglicherweise **Kibbuzim**, den **Golan** oder das **Westjordanland** besuchen. Dann werden Sie die Mauer zwischen Israel und Palästina entlangwandern und in **Bethlehem** Hunderte Graffiti sehen, die auf die Situation der Araber in den besetzten Gebieten aufmerksam machen. Darunter finden sich auch einige Arbeiten des britischen Streetart-Künstlers Banksy, dessen Identität noch immer ungeklärt ist. Wenn Sie Orte wie **Nablus** oder **Ramallah** besuchen, werden Sie dort hören, wie schwierig das Leben hinter der 2002 errichteten Mauer ist. Aber kaum jemand wird Ihnen erzählen, dass sich durch den Mauerbau die Zahl der arabischen Selbstmordattentate in Israel erheblich reduziert hat.

Was sollte man unbedingt sehen?

In seinem Buch „Israel – 40 einfache Fragen. 40 überraschende Antworten" hat Wolfgang Sotill seine Lieblingsziele im Heiligen Land genannt. Wir präsentieren eine kleine Auswahl.

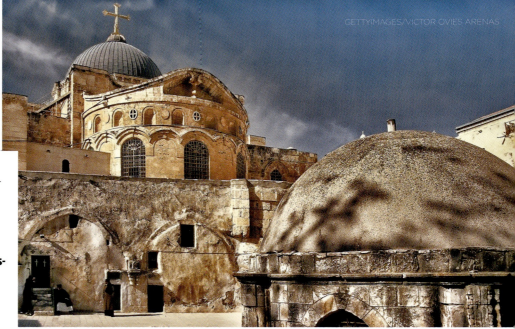

Versuchen Sie nicht, nur Ihre eigene politische oder religiöse Kultur wiederzufinden. Das ist ohnedies nur schwer möglich, denn die einzelnen historischen Stätten (im Bild die **Grabeskirche**), deren Geschichte und die dazugehörigen Religionen sind eng miteinander verwoben.

Zu den Orten, die man unbedingt gesehen haben muss, gehören **die heiligsten Stätten** der drei monotheistischen Religionen: die **Westmauer** (auch: Klagemauer), die **Geburtskirche**, die **Grabeskirche** und der **Felsendom** samt **Al-Aqsa-Moschee**.

Die Westmauer ist Tag und Nacht zugänglich. Dort kann man auch – ausgenommen am Schabbat – immer fotografieren. Am besten besucht man diese westliche Begrenzungsmauer des herodianischen Tempels am Montag- oder Donnerstagvormittag, wenn 13-jährige Juden im Rahmen einer Bar Mitzwa ihre religiöse Großjährigkeit feiern. Sie können dort tolle Fotos machen.

Die islamischen Heiligtümer sind von Sonntag bis Donnerstag (meist zwischen 7 und 11 Uhr und 12.30 bis 13.30 Uhr) geöffnet. Das Betreten der Moscheen ist nach einer muslimischen Verordnung aus „Sicherheitsgründen" verboten. Der **Felsendom** mit seiner achteckigen Architektur, seiner vergoldeten Kuppel und seinen wunderbaren Fayence-Fliesen ist es aber wert, aus der Nähe betrachtet zu werden. Um überhaupt auf den **Tempelplatz** zu gelangen, muss man Sicherheitskontrollen über sich ergehen lassen, bei denen den Besuchern Bibeln oder Kreuze ebenso abgenommen werden wie Alkohol oder Computer-Tablets. Muslimische Wächter achten streng darauf, dass Frauen „züchtig" gekleidet sind.

Israel

Fläche
Kernland: 22.380 km²
besetzte Gebiete: 6.831 km²

Einwohner:
9.136.000 inklusive Ostjerusalem und Golanhöhen

Hauptstadt: Jerusalem

Staats- und Regierungsform:
Parlamentarische Republik

Währung:
Neuer (israelischer) Schekel (ILS)

Bruttoinlandsprodukt:
Total (nominal) 2019: 395 Milliarden USD

Ein Tipp: Sollten Sie den Tempelplatz aus irgendwelchen Gründen nicht besuchen können, dann gehen Sie in das **„Jewish Quarter Café"** in der Tiferet-Israel-Straße im jüdischen Viertel, der Eingang befindet sich beim **„Burnt House"**. Dort gehen Sie am besten in den ersten Stock des Selbstbedienungsrestaurants (ausgezeichnete Küche!). Von dort haben Sie einen wunderbaren Blick auf die **Westmauer**, die **Moscheen** und den **Ölberg** im Hintergrund.

Ein Tipp zur **Grabeskirche**: Suchen Sie diese in den späten Nachmittagsstunden auf. Dann sind bereits viele Touristen auf dem Weg zurück in ihre Hotels und Sie können auch die besondere Zeremonie verfolgen, wenn Wajeeh Nusseibeh, ein Moslem, die Tür der Grabeskirche nach einem vorgeschriebenen Ritual versperrt. Wenn Sie ein Frühaufsteher sind, dann lohnt sich der Besuch des Gotteshauses, in dem sechs Konfessionen beheimatet sind, an Sonntagen zwischen 5.30 und 8 Uhr. Dann erleben Sie die Kirche beinahe ohne Touristen und liturgisch belebt. Zeitgleich feiern die Griechen, die Franziskaner, auch die Armenier, die Kopten und die Syrer ihre heiligen Messen. Nur die **orthodoxen Äthiopier** leben und feiern abgesondert auf dem **Dach der Kirche**. Auf jeden Fall erleben Sie am Heiligen Grab eine kirchliche Vielfalt, die ihre Einheit in Christus sucht. Kritiker sagen freilich, nirgends sei die Zerrissenheit der Christenheit so augenscheinlich wie gerade an diesem Ort.

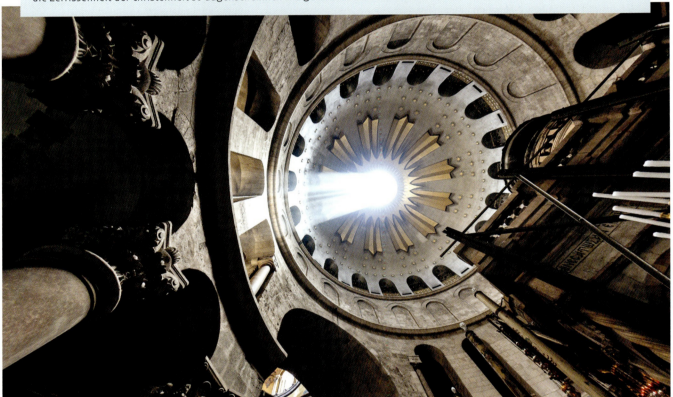

Ins Programm jedes Israel-Reisenden gehört die Holocaust-Memorialstätte **Yad Vashem**. Gerade als Österreicher oder Deutscher ist es wichtig, diesen Ort der Erinnerung zu besuchen, um das heutige Israel mit seinen Sicherheitsbedürfnissen besser verstehen zu können. Es geht aber auch darum, anzuerkennen, dass die Schoa nicht nur ein Teil der jüdischen Geschichte, sondern sehr wohl auch einer der mitteleuropäischen ist. In Yad Vashem erfährt man, was in den Schulen hierzulande lange Zeit verschwiegen wurde: die Dimension und die Brutalität der Judenverfolgung. Man sollte das Museum, die „Allee der Gerechten", das Kindermemorial und die Halle mit der ewigen Flamme sehen. Auch ein Blick in die modern gestaltete Synagoge lohnt sich. Für Kinder unter 15 Jahren ist der Besuch allerdings nicht empfehlenswert.

Sehenswert ist das **Israel-Museum** in Jerusalem. Im Freigelände befindet sich ein Modell der Stadt zur Zeit Jesu im Maßstab 1:50. In der Nähe ist der „Schrein des Buches", in dem die Rollen von Qumran gezeigt werden. Dort bekommen Sie einen guten Einblick in das Leben der Essener-Gemeinde. Vorbei am Skulpturengarten mit Werken von Auguste Rodin sollte man sich auch Zeit für das Hauptgebäude des Museums nehmen. Dort ist vor allem die archäologische Abteilung (Unterabteilung Zeitenwende) sehenswert. Schon die Präsentation der Exponate ganz ohne Schutzglas fällt positiv auf. Dort sind der **Sarkophag von Herodes dem Großen**, Zöpfe und Sandalen eines Mädchens aus Masada und ein **Ossuarium**, das die Knochen von **Joseph bar Kajaphas** beinhaltet hat, ausgestellt. Kajaphas war der Hohepriester und jüdische Ankläger im Prozess gegen Jesus. Damit werden biblische Ereignisse unmittelbar erlebbar. Neben dem Ossuarium liegt ein 11,8 Zentimeter langer Nagel aus der Zeit Jesu. Er ist der einzige archäologische Beweis für Kreuzigung durch Annagelung. Wenn man vor diesem Exponat steht, kann man ermessen, welche Schmerzen Gekreuzigte bis zum Eintritt ihres Todes erlitten haben.

Reisen hat für viele Menschen auch mit Lebensfreude und Genuss zu tun. Deshalb empfehle ich Ihnen den **Markt Mahane Yehuda** in der **jüdischen Neustadt** (leicht mit der Straßenbahn erreichbar). Bei orientalischen Snacks und einem süffigen „Alexander"-Bier bekommen Sie den Kopf frei, sollten Ihnen die archäologischen, politischen und religiösen Informationen zu viel geworden sein. Mahane Yehuda ist ein Ort, an dem man in das Alltagsleben der Israelis eintauchen kann.

Fahren Sie auch ans **Tote Meer**, das Gefühl der Schwerelosigkeit im Wasser ist einzigartig. Bedenken Sie: „Wildes" Baden ist zwar nicht verboten, sie werden es aber bitter bereuen, wenn Sie sich nach dem Bad im Salzwasser (ca. 32 Prozent Salzgehalt) nicht mit Süßwasser duschen können. Zudem sei vor Spaziergängen in „closed areas" gewarnt. Es könnte sich unter Ihren Füßen ein „sink hole" auftun, eine mehrere Meter tiefe Erdhöhle, die nur oberflächlich von Erde bedeckt ist.

Völlig ungefährlich und wunderschön ist ein Besuch des **Nationalparks von Ein Gedi**. Dort können Sie auf gesicherten Pfaden durch die **Judäische Wüste** wandern. Dabei werden Sie überrascht sein, wenn Sie inmitten der kahlen Landschaft Wasserfälle sehen, in deren Nähe sich fast immer Klippdachse – ähnlich unseren Murmeltieren – tummeln.

Ein Ort, der besonders für Österreicher von Bedeutung ist, ist die **Küstenstadt Akko**, die zum UNESCO-Weltkulturerbe zählt. Der Legende nach sollen hier während des Dritten Kreuzzugs die Nationalfarben Rot-Weiß-Rot entstanden sein. Auch wenn das historisch nicht belegt ist, so ist Akko als schönste und besterhaltene Kreuzfahrerstadt des gesamten Orients doch einen Besuch wert.

Wer religiös interessiert ist, sollte am **See Genezareth** die christlichen heiligen Stätten besuchen: die aus byzantinischer Zeit stammenden **Mosaike von Tabgha**, die an die Speisung der 4000 beziehungsweise 5000 Menschen erinnern, **Kapernaum**, das Zentrum jesuanischen Wirkens, und die Kirche auf dem **Berg der Seligpreisungen**, die inmitten einer wunderbar gepflegten Gartenanlage liegt. Neben den historischen Stätten sollte man sich auch noch für die Landschaft und die Natur Zeit nehmen. Es empfiehlt sich ein leichter 20-minütiger Spaziergang von den Seligpreisungen hinunter zum See. Dabei kann man ein Gespür dafür entwickeln, wie die Menschen vor 2000 Jahren gelebt haben. Um sich in die Zeit Jesu zurückzuversetzen, ist es zudem hilfreich, Texte aus dem Neuen Testament zu lesen. Gleichnisse wie jenes vom Senfkorn, das in die Erde fällt und tausendfache Frucht bringt, oder jenes vom Schaf, das verloren geht, oder jenes vom Sturm am See ermöglichen es Ihnen, sich der faszinierenden Person Jesus von Nazareth anzunähern.

Wenn Sie an **Bauhaus-Architektur** interessiert sind, dann sind Sie in Tel Aviv richtig. Tel Aviv, „Hügel des Frühlings", ist eine pulsierende Großstadt, die an London oder Frankfurt erinnert. Es gibt nicht viel zu besichtigen, dafür umso mehr zu erleben, bevorzugt in der Nacht von Donnerstag auf Freitag. Sie können am frühen Abend bei einem Bummel durch das pittoreske **Jaffa am Hafen** einen Aperitif zu sich nehmen, dann in einem der ausgezeichneten, aber auch hochpreisigen Restaurants ein Abendessen genießen und sich schließlich bis in den Morgen in diversen Bars und Clubs vergnügen. Vorausgesetzt, man kann sich das leisten.

„Wolfgang Sotill war ein intellektueller Pilger, ein kundiger Wanderer zwischen mehreren Welten, die er zu verstehen und zu vernetzen versuchte.

Hermann Glettler
Bischof der Diözese Innsbruck